Irini-Rene-at

DiDi Sugarduck

Irini-Rene-at

DiDi Sugarduck

Die Geschichte
einer ungewöhnlichen Adoption

Projekte-Verlag
Cornelius

Impressum

1. Auflage

Mitglied im Börsenverein des Deutschen Buchhandels

Satz und Druck: Buchfabrik Halle • www.buchfabrik-halle.de
Fotos: Irini-Rene-at/Helmut, Chris Nagl (Anerosis-Design), Timy Nagl
Fotos Kronen-Zeitung: Mit freundlicher Erlaubnis von Evelyn Hronek, Hannes Wallner
Titelbild: Irini-Rene-at, Erich Westendarp, www.pixelio.de

ISBN 978-3-86634-971-1
Preis: 22,50 EURO

DiDi
Die Geschichte einer ungewöhnlichen Adoption
(M)eine wahre Geschichte –
wie sie das Leben eben so schreibt …
… für mich zu Papier gebracht von Irini-Rene-at,
meinem „Ghostwriter“

Manchmal öffnet dir das Schicksal eine Tür – hindurchgehen musst du selber!
Und plötzlich weißt du: Es ist Zeit, etwas Neues zu beginnen und dem Zauber des Anfangs zu vertrauen …

Vorstellung

Mein Name ist DiDi Sugarduck (sprich: „Schugadack“) oder kurz DiDi Duck. D. D. sind die Anfangsbuchstaben von Daisy oder Donald. Da anfangs niemand wusste, ob ich ein Mädchen oder ein Bub war, wurde ich DiDi gerufen.
Schon nach kurzer Zeit kam meine Familie darauf, dass ich mir den Namen selbst ausgesucht hatte, denn meine ersten Worte waren „didididididididi“. Obwohl ich sie etwas anders aussprach, wurden sie jedenfalls so verstanden.
Nun gut, lasst mich erzählen! Es war der 26. Juli, oder war es der 27. Juli 2006? Ist ja auch egal, Zahlen oder Daten sind mir ziemlich fremd und eigentlich einerlei – daher auch das Geburtsdatum, und was macht in meinem Fall schon ein Tag aus –, also in jenen Sommertagen erblickte ich jedenfalls das „Licht der Welt“.
Was heißt hier Licht? Ich wurde in die herrlichste Aurora, in einen der schönsten Seen Österreichs hineingeboren: Kärnten, Wörthersee, Wärme, blauer Himmel, glasklares Wasser in trinkbarer Qualität ... perfekt! Fast perfekt. Nachdem ich mich mühsam aus der Eierschale befreit hatte, sah ich mich erwartungsvoll um und – war ... allein.
Das konnte doch wohl nicht wahr sein! Hatte man nicht normalerweise so was wie eine Mama, einen Papa und manchmal auch Geschwister? Wo waren meine? Sie konnten mich doch nicht einfach so einsam hier zurücklassen! Jeder hat doch eine Mutter. Warum ich nicht? Was war geschehen?
Ich überlegte nicht lange, sondern machte mich, als typischer Nestflüchter, sofort auf die Suche. Mich durch sperrige Schilfhalme zwängend, rief ich, so laut ich konnte, nach meiner Mama – aber ich bekam keine Antwort. Ratlos paddelte ich im Schilfgewirr hin und her, und nach einiger Zeit wagte ich mich sogar ein Stückchen aufs offene Wasser hinaus, aber von meiner Familie war nichts zu sehen.

Schließlich war ich so erschöpft, dass ich im dichten Röhricht ein Schläfchen wagte. Augen zu und durch, dachte ich mir. Gegen meine Angst ankämpfend, die so riesengroß war wie der Schilfwald, der mich umgab, schloss ich für einige Sekunden meine müden Äugelchen. Mehr war nicht drin.
Verzweiflung kroch in meinen Federflaum. So betete ich zu meinem Entengott, dass er mich zu meiner Mama führen möge. Man muss ja immer alles unternehmen, um sich selbst zu helfen und darf den lieben Gott nicht wegen jeder Lappalie bemühen. Es aber war keine Kleinigkeit mehr, sondern eine gewaltige „Großigkeit“, wenn einem die wichtigste Bezugsperson abhanden gekommen ist.

Mami

Mit den ersten wärmenden Sonnenstrahlen reifte die Überlegung in mir: Vielleicht sollte ich über den See schwimmen, um am anderen Ufer nach meiner Mama zu suchen. Möglicherweise hatte ich dort eine Chance, sie zu finden.
Meinen ganzen Mut zusammennehmend, startete ich. Die dunklen, langen Schatten unter mir ignorierte ich einfach, ganz nach dem Motto: „Tun wir so, als hätten wir sie nicht bemerkt.“ Möglicherweise war es ja gar kein Hecht und auch kein Wels oder sonst etwas Gefährliches, und vielleicht hatten die ja auch schon gefrühstückt und keinen Appetit auf mich. Mir jedoch knurrte der Magen gewaltig.
Das Geräusch, das ich plötzlich hörte, konnte aber nicht von meinem leeren Bauch stammen. Es näherte sich mit rasender Geschwindigkeit und schwoll zu einem ohrenbetäubenden, infernalischen Knattern und Dröhnen an. Ich wollte gerade um Hilfe schreien, als eine Mega-Tsunami-Welle über mich hinwegschwappte und mein klägliches Piepsen im Keim erstickte. Ich wurde im Wasserstrudel herumgewirbelt, vom Sog

wie von unsichtbarer Hand hinuntergezogen und gleich darauf wie ein Korken wieder an die Wasseroberfläche katapultiert. Verdattert versuchte ich herauszufinden, wo denn nun eigentlich unten oder oben war, als mich auch schon die zweite Riesenwelle erfasste. Hilfe! Das also war mein Ende. Kaum auf der Welt … und schon wieder dahin. Erst später habe ich erfahren, dass so ein wasserverschmutzendes Höllending „Motorboot" genannt wird und manchen Menschen nur zum Vergnügen dient.

Ich war klatschnass, was bei einer Ente sicher selten vorkommt. Meine Talgdrüsen hatten ihre Funktion noch nicht aufgenommen, oder vor Schreck eingestellt, und ich fand auch keine Zeit, das herauszufinden, um mich ihrer zu bedienen, denn dazu brauchte man Muße, und das war wahrlich das Letzte, was ich im Moment hatte.

„Mama, Mama, Mami, wo bist du?", wollte ich rufen, aber meine Töne waren wohl ertrunken. Ich war jetzt schon weit vom schützenden Schilfufer entfernt, da passierte plötzlich das Unglaubliche. Ganz deutlich sah ich es – sah ich SIE! Ich war fasziniert.

So schnell mich meine kleinen Füßchen paddeln ließen, steuerte ich auf dieses Wesen zu, um es aus der Nähe zu beäugen. Kein Zweifel, sie war es: meine Mami! Ihre Federn waren braun-gelb, genau wie meine, und im Gesicht prangte der gleiche ausgeprägte Schnabel. Sie schwamm ruhig dahin und schnatterte dabei munter mit zwei anderen Artgenossinnen, die sich in einiger Entfernung von ihr im feuchten Element bewegten. Ich konnte mein Glück kaum fassen und war fürs Erste erst einmal sprachlos, was bei mir nicht allzu oft der Fall ist.

Um diese Sprachlosigkeit zu überbrücken und mich zu sammeln, schickte ich ein ausführliches Dankgebet an meinen Entengott. Da man jemanden, der gerade in einem Gespräch ist, nicht unterbrechen sollte, wartete ich höflich den passen-

den Moment ab. Ich hatte mich seitlich an sie herangemacht, aber sie hatte mich offensichtlich nicht bemerkt.
So scherte ich aus, schwamm in einem kleinen Bogen hinter ihr herum und pflanzte mich direkt vor ihrem Gesicht auf. „Mami, Mami, Mami!", entfuhr es piepsend-jubilierend meiner Kehle.
Sie riss den Kopf herum – und ich sah in zwei atlantikblaue Augen, die immer größer wurden und mich fassungslos anstarrten. Nach einigen Schrecksekunden fand sie ihre Stimme wieder: „Wer oder was – um Himmels willen – bist denn du?"
Was für eine Frage! Damit hatte ich nicht gerechnet. Gut, ich sah von der Motorbootattacke sicher ein bisschen mitgenommen aus und hatte inzwischen noch keine Zeit gefunden, mich ordentlich zu stylen, aber dass sie ihr eigenes Kind nicht erkannte, schockierte mich.
Sie beäugte mich argwöhnisch und quakte in meine Richtung dann so etwas wie: „Weg, weg, weg! Ich will einen Hund und keine Wildente!"
Dabei machte sie unmissverständliche Abwehrbewegungen, sodass mich die kleinen Wellenberge gleich auf gehörige Distanz zu ihr brachten. Von ihren beiden Begleiterinnen vernahm ich ein fröhliches, hell tönendes Geschnatter, das glucksend und perlend erscholl und immer wieder mit einem erheiternden Kiekser endete.
Ich fand Mamis Reaktion gar nicht komisch. Nein, das war absolut nicht lustig! Dass sie mich als Wildentenkind erkannt hatte, musste ich ihr zugutehalten – aber was zum Hecht war ein Hund?
„Um Himmels willen, was soll ich denn mit dir – und was willst du von mir?"
Ich fand ihre Fragerei wirklich deplatziert, um nicht zu sagen „hirschkäferisch". Hirschkäfer sind, wie ich etwas später in meinem Leben entdeckt habe, große Insekten, die mit einem im-

ponierenden Geweih ausgestattet sind. Wenn sie aber auf dem Rücken liegen, strampeln sie wild mit den Beinen in der Luft und wissen sich nicht mehr zu helfen. Das ist ziemlich dumm. In der Ferne, auf einem Brett, das weit übers Wasser ragte, enervierte ein zotteliges Wesen, indem es unablässig laute, stakkatoartige, heisere Laute ausstieß. Als sich ihm ein zweibeiniges Geschöpf näherte, sprang es wie ein Frosch an ihm hoch und schmiegte sich gleich darauf, zappelnd und wie ein Fisch sich windend, an die Beine.
„Der Hund da drüben wäre dir wohl lieber gewesen“, tönte es von Mamis Mitschwimmerinnen zu uns herüber.
Hund? Das also war ein Hund. Ich warf einen kurzen Blick auf den sich wie verrückt Gebärdenden und sah dann an mir herunter. Ich meine, vielleicht könnte ich eines Tages so laut schnattern, wie ein Hund bellt, aber das wäre auch schon alles an Ähnlichkeit. Allerdings könnte ich lernen, so zärtlich wie ein Fellträger zu werden, und auf jeden Fall würde ich so wachsam sein.
Nein, das konnte nicht ihr Ernst sein, mich deswegen einfach so abzuweisen. Kaum hatte ich meine Bezugsperson gefunden, wurde ich auch schon wieder abgeschoben. Es gab in den ersten Stunden meines Lebens nun bereits einiges, das ich nicht verstand, aber das hier besonders nicht.
Nein, in welch eine Welt war ich da hineingesetzt worden? Ein weises Sprichwort besagt: „Wer kämpft, kann verlieren. Wer nicht kämpft, hat schon verloren.“ Aber Worte sind sowieso Schall und Rauch – es ist allein die Tat, die zählt.
Kurz entschlossen schritt oder besser gesagt schwamm ich zu ebendieser. Als geborene Kämpfernatur beschloss ich, die Sache nicht mehr so zögerlich, sondern zielstrebig, selbstbewusst und mit Professionalität anzugehen. Magisch von ihr angezogen, steuerte ich seitlich auf sie zu, visierte ihre rechte Schulter an und mit einem kühnen Hopser „enterte“ ich sie, im wahrsten Sinn des Wortes.

Aber was war das? Kaum oben, rutschte ich haltlos wieder ins Wasser zurück. Glitschig wie ein Fisch war sie. (Später erfuhr ich, dass ich auf einem Sonnenschutzmittel ausgeglitten war. Ich beobachtete mit Staunen, dass die Talgdrüsen offenbar in einer Plastikflasche versteckt sind. Daraus gießt man sich die ölige Flüssigkeit bei Bedarf über alle möglichen Körperteile, um sie dann, sehr umständlich und kompliziert, mit seltsamen Verrenkungen einzumassieren.)
Zufrieden mit meiner Grundausstattung, stellte ich, frei nach dem berühmten Philosophen „Soquaktes", fest: „Was es nicht alles gibt, was ich nicht brauche!"
Nachdem ich beim ersten Versuch baden gegangen war, nahm ich einen zweiten Anlauf. Ich schwamm um meine Mami, die nicht wusste, wie ihr geschah, herum, hüpfte flink auf ihre linke Schulter und versteckte mich sofort unter ihrem Federkleid. Überrumpelungstaktik. Endlich konnte ich verschnaufen.
Nun hatte ich meinen „Ruheplatz auf unbestimmte Zeit" gefunden. Ich hatte sie mir adoptiert und gehofft, dass sie in Zukunft für mich sorgen und meine Partnerin in allen Lebenslagen sein würde, bis zu dem Tag, an dem ich mein Leben selbst in die Hand nehmen oder – in meinem Fall – den grenzenlosen Wind der Freiheit unter den Schwingen spüren würde. Aber das müsste wohl noch einige Zeit dauern.

Ritt über den See

Mamis Freundinnen waren herbeigeeilt, um mich ausgiebig zu bestaunen. Ich thronte auf den Schultern meiner Adoptierten und genoss es, nach den vielen einsamen Stunden zuvor, so viel Zuwendung und Aufmerksamkeit zu erfahren. Endlich nicht mehr allein.
Ihre Artgenossinnen waren auch allerliebst anzusehen. Sie hatten dunkleres Gefieder als Mami und flöteten und zwit-

scherten aufgeregt durcheinander, während sie uns umkreisten. Ich war begeistert, in solch nette Gesellschaft geraten zu sein. Meine nassen Federchen standen wie kleine Spießchen vom Kopf ab – man konnte sie durchaus für eine kleine Krone halten. Ich fühlte mich auf jeden Fall königlich.
Irgendwann fiel der Ausdruck „Punkerfrisur", aber das überhörte ich großzügig, zumal ich zum damaligen Zeitpunkt auch gar nichts damit anzufangen wusste.
Die drei berieten, was denn nun zu tun sei. Mich wieder dem See und einem ungewissen Schicksal zu übergeben, lehnte meine Mami entschieden ab. Am liebsten hätte ich sie dafür geküsst, aber das ist leichter gesagt als getan.
Eine andere Stimme meinte, man solle meine Familie suchen. Was für ein Vorschlag! Ich hatte meine Familie doch schon gefunden! Es war weit und breit keine passendere Ente in Sicht, nur ein Haubentaucherpärchen war mit seinen halbwüchsigen Jungen unterwegs und am Schilfrand dümpelten einige Blässhühner vor sich hin. Aber was sollte ich bei denen?
Dann hörte ich meine Mami sagen, dass es ein hoffnungsloses Unternehmen sei, mich irgendjemand anderem aufzuhalsen, von wegen Prägung auf das erste Lebewesen nach dem Ausschlüpfen aus dem Ei und so.
Didilidid-qua-qua! Sie hatte es kapiert! Sie hatte kapituliert! Ich war mächtig stolz, so ein kluges Wesen auserkoren zu haben. Ja, ich hatte mir die Richtige zur Adoption ausgesucht!
„Lasst uns nach Hause schwimmen und später entscheiden, was weiter geschehen soll", meinte sie, und dann ging's im gemächlichen Tempo in Richtung Osten, hin zum fernen Ufer.
„Das Kleine bringt mich in eine unangenehme Situation. Man könnte mich des Wilddiebstahls bezichtigen", hörte ich sie zu ihren beiden Freundinnen sagen.
Quakerliquack!
Wer war dieser „man"? ICH hatte sie MIR ausgesucht und nicht umgekehrt! Mir gefiel es, so wie es war, und freiwillig

würde ich sie sicher nicht wieder hergeben. Ich fühlte mich „pudelwohl“ – das war schon eine erste Übung für die Rolle des „Haushundes“ – und wechselte quietschvergnügt immer wieder von einer Schulter zur anderen.
Hin und wieder schwamm ich auch nebenher, um zu beweisen, wie gut ich schon Schritt halten konnte. Immerhin wollte ich nicht zu sehr zur Last fallen. Auch eine gewisse Selbständigkeit konnte ich damit demonstrieren, und meine Begleiterinnen waren tatsächlich tief beeindruckt.
„Mein Gott, ist die süß“, ertönten immer wieder ihre Entzückensrufe.
Mamis erste Sorge, ich könnte möglicherweise blind sein, weil sie an meinem struppigen, zerzausten Köpfchen meine kleinen, schwarzen Punktäugelchen nicht gleich gefunden hatte, waren längst zerstreut. Als sie auch noch registrierte, wie zielsicher ich die winzigen Mücken, die auf der Wasseroberfläche trieben, anvisierte und gierig verschlang, machte sich auf ihrem Gesicht ein entspanntes, zufriedenes Lächeln über meinen ausgeprägten Selbstversorgungstrieb breit.

Meine neue Großfamilie

Es dauerte nicht lange und Mamis Nest kam in Sicht. Das heißt, es war nicht so ein loser Haufen von Zweigen und Schilfhalmen in dem ich geboren wurde, sondern ein kantiges Etwas mit seltsamen, kleineren und größeren Gucklöchern. Sie nannten es „Haus“.
Unser Erscheinen löste gehörigen Tumult bei den Hausinsassen aus. Sie waren herausgewuselt, beugten sich über eine hölzerne Begrenzung, streckten die Hälse, schüttelten die Köpfe und riefen: „Mensch, was bringst du denn da mit?“
Was? Mensch? Sie sagten „Mensch“, nicht „Ente“ zu ihr! Ich war bei Menschen gelandet! Bei den Barteln des Waller! (So wird

der Wels am Wörthersee genannt.) Das war eine schöne Bescherung! Aber es war nun einmal passiert und nicht mehr rückgängig zu machen. Sie würden sich schon an mich gewöhnen.
Mamis detaillierter Bericht von ihrer Adoption durch mich und ihre gespielte Verzweiflung, dass sie keine Chance gehabt hätte, mir zu entkommen, löste bei den staunenden Zuhörern ungeheure Heiterkeit aus.
Mir war es egal, sollten sie gackern wie sie wollten, ich hatte Hunger. Nun war ich aber auf dem Trockendock, und da sah die Sache mit der Selbstversorgung schon etwas anders aus. Glücklicherweise hatte der große, nette Starke, der mit dem freundlichen Gesicht, in dem ein gemütlicher Federnkranz um den Mund wucherte, und der angenehm sonoren Stimme, die blendende Idee mit den Haferflocken. Sie gehörten von Anfang an zu meinen Lieblingsgerichten aus der vegetarischen Küche, und sie sind es bis heute geblieben.
Satt gegessen, konnte ich mich zufrieden der Pflege meines Federkleides widmen. Ich saß auf dem weißen Terrassentisch, am Rande eines mit Haferflocken gefüllten, rosaroten Tellerchens, und putzte, salbte und glättete mein Gefieder und rund um mich gackerte, kicherte und gluckste es in den seltsamsten Tönen.
Mein Stylingprogramm gefiel offensichtlich. Die Mitglieder meiner neuen Großfamilie bemühten sich fortan, mir jeden Wunsch von den Augen abzulesen. Ich stand im Mittelpunkt. Im Mittelpunkt des Universums. Alles drehte sich um mich – was für ein herrlicher Zustand!
Um Mami zu „ENT“-lasten, nahm sich ihre Freundin, die mit den dunkellockigen Federn, – äh – Haaren, und der hellen, fröhlichen Stimme, ganz besonders meiner an. Sie wurde mein „Anti-Tanti“, sprich meine „Ententante“. Mami hatte ihr den Namen zugedacht, weil sie sich außerordentlich liebevoll um mich kümmerte, wenn meine Adoptierte gerade anderweitig beschäftigt war.

Sie hob mich sanft zu sich hinauf, setzte mich vorsichtig auf ihre warme, weiche Haut und streichelte mich zärtlich. War das ein himmlisches Gefühl! Ich konnte nicht anders – von einer Sekunde auf die andere war ich eingeschlafen. Ich schlief zum ersten Mal tief und fest. Dass mein Köpfchen dabei auf die Seite gekippt war, weil meine Flügelchen viel zu kurz waren, um mein müdes Haupt darunter zu betten, löste, ob der grotesken Schlafhaltung, wieder eine Lachsalve aus.
Aber das registrierte ich nicht mehr. Im Traum erlebte ich nochmals die zufällige Begegnung mit meiner Mami auf dem weiten See. Sie war mir zugefallen und ich war ihr zugefallen. Welch wunderbarer Zufall! Noch dazu war sie die Einzige von den dreien, die einen Garten besaß – das konnte ich zwar damals noch nicht wissen, aber es war eben so eine Intuition. Für mich war alles einfach perfekt – und sicher so von „höherer Instanz" erdacht, geplant und eingefädelt worden.
Als ich erwachte, fühlte ich mich von einem großen, schwarzen Auge beobachtet. Es steckte in einem silberglänzenden Metallgehäuse und war bedrohlich auf mich gerichtet. Das Ding war in der Hand eines großen Schlanken, mit weißem Schopf und einem qualmenden, gebogenen Holzstück im Schnabel, Pardon – hier wurde es Mund genannt.
Der lange Weiße hatte uns seit unserer Ankunft im Visier und folgte mir auf Schritt und Tritt. Da aber weder von dem Silberding noch von dem Rauchenden Gefahr ausging, fiel ich abermals in einen minutenlangen Erschöpfungsschlummer.

Mein großer Bruder

Geweckt wurde ich durch die Ankunft einer weiteren Person, die ich sofort als meinen großen Bruder identifizierte. Nicht nur, dass ich gewisse Ähnlichkeiten entdeckte, ich fühlte mich sofort zu ihm hingezogen. Oder war es umgekehrt? Jedenfalls

nahm er mich behutsam auf den Arm, bettete mich in ein weiches Etwas, das T-Shirt genannt wird und die gleiche Farbe hatte wie mein Federkleid, und wir waren in gewissem Sinne, ab diesem Zeitpunkt, eins.
Er trug mich stundenlang herum, setzte mich mal auf seine Schultern, mal auf seinen Kopf, und so lernte ich gleich in meinen ersten Tagen, mit seiner Hilfe, die Welt aus der Vogelperspektive zu sehen.
Da gab's in meiner neuen Familie noch einen drahtigen, gewitzten Asketen von intensiv brauner Färbung, der sich mir gegenüber aber, was den Körperkontakt betraf, in Zurückhaltung übte. Dafür gab er brauchbare Tipps hinsichtlich meiner Ernährung. Und auch über mein zukünftiges Entenleben wusste er recht gut Bescheid, falls es so ablaufen würde, wie er prophezeite, hm, mal sehen – immerhin war er ja nicht der liebe Gott. Ich hörte aufmerksam zu, studierte das menschliche Verhalten, prägte mir alles für mich Wichtige ein und versuchte, so wie sie zu quaken. Ich lernte schnell. Bald verstand ich, was sie sagten oder wie das, was sie von sich gaben, vielleicht aufzufassen wäre, und ich war besonders gelehrig, wenn es um Futter ging. Sprachlich blieb ich aber bei meinem „Didilidid" oder „Pipilipip". Aber das war vielleicht nur reine Trainingssache, ich war ja noch jung.
Übrigens: Weißt du, wie man den lieben Gott zum Lachen bringt? – Erzähl ihm deine Pläne ...

Kein Nestbeschmutzer

Das Kommando über unser Familiennest führte eine kräftige Resolute, mit einem dichten, weißen Haarschopf, der prachtvoll hochstand – fast so schön wie mein Federnflaum, wenn ich mich aufplusterte. Sie war beinahe immer gutgelaunt, sie lachte oft und laut.

Auf meinem Haferflockentellerchen stand: „Jedes Lachen vermehrt das Glück auf Erden." Nun, da hatten wir also eine Menge Glück. Abgesehen von einigen Lesepausen, war sie ständig auf den Beinen, um die Verpflegung für die Belegschaft heranzuschaffen. Jetzt hatte sie auch noch mich dazubekommen!

„I werd' narrisch! Leute, da ist eine Fliege, gebt's mir den Pracker!" (Gemeint war die Fliegenklatsche, die seit meinem Erscheinen zum Großeinsatz kam.) Und schon kam sie mit einem „Leckerli" für mich angewieselt. Fluginsekten waren meine erklärte Lieblingsspeise.

Leider ließen sich die Dinger nicht so leicht erwischen. Zumindest ich war viel zu langsam. Kaum pirschte ich mich an eines der Objekte meiner Begierde heran, war es auch schon weg und es schien mir, als ob es mir noch aus der Luft frech die Zunge herausstreckte: „Ätsch, schon wieder daneben!"

Mit der Ameisenjagd klappte es besser. Die konnten mir wenigstens nicht wegfliegen. Zumindest ein paar nicht. Aber so richtig schmackhaft waren die Dinger leider auch nicht – sie brannten auf der Zunge wie Chilischoten.

„Wird wohl die Ameisensäure sein", nickte Mami wissend.

Mein oftmaliges entliches Bedürfnis zeigte ich in einem immer wieder gleich verlaufenden Ritual an: drei Schrittchen zurück und – „pfitz". Ich war eben kein Nestbeschmutzer. Gelernt ist gelernt – aber Instinkt ist noch besser. Meine liebe Adoptierte nannte es „Input – Output". Je mehr ich schnabulierte, desto öfter musste ich …

Die Sanfte mit den dunklen Locken und der hellen freundlichen Stimme stand stets mit einem Stück Zeitungspapier bereit, das sie blitzschnell, in meinem Fall „pfitz"-schnell hinter meine Kehrseite legte. Bingo! Man konnte beinahe Wetten abschließen, ob ich das ausgebreitete und erwünschte Ziel traf oder wieder einmal der Teppich unter einigen Seufzern geputzt werden musste.

Als der noch größere Bruder meines großen Bruders von seinem Urlaub aus Spanien zurückkam und zu unserer Großfamilie stieß, war unsere Nestbesatzung komplett. Ich fühlte mich ziemlich geschmeichelt, dass er, offensichtlich extra wegen mir, so eine weite Reise gemacht hatte und fand ihn ziemlich sympathisch.

Zeitungsente

Am Nachmittag legte der große Schlanke mit dem weißen Schopf, der sich gerne intellektuell gab, sein silbernes Kästchen, genannt Videokamera, beiseite, zog intensiv an seinem qualmenden Holzhaken und verkündete dann: „Die Geschichte ist so unglaublich, die gehört in die Zeitung."
„Ja, das ist eine gute Idee. Es wird ohnedies so viel über Unnötiges geschrieben, von Grausamkeiten oder anderen Unliebsamkeiten berichtet, sodass unsere Entchen-Story sicher ein positives Highlight wäre und vielen Lesern gefallen könnte", meldeten sich andere Stimmen begeistert zu Wort. Nur mein großer Bruder war von diesem Einfall gar nicht angetan. „Das kommt gar nicht in Frage! Reporter machen nur Stress und den brauche ich in meinen Ferien nicht", sprach's und verzog sich hinters Haus.
Eine seiner besonderen Eigenheiten, als typischer Krebs-Geborener, war eine ausgeprägte „Stressophobie". Er zog sich, beim geringsten Anzeichen dafür, wie ein Einsiedlerkrebs in sein Schneckenhaus zurück und entfernte sich somit aus der „Stressosphäre": Tür zu – Rollbalken runter – bum – aus – weg. Bin nicht mehr da. Zu spät.
Der Schlanke, der sich als sein Vater entpuppte, hatte schon ein kleines, schwarzes Ding gezückt und damit die Presse informiert oder besser gesagt alarmiert. Ein Reporter des meistgelesenen Tagesblattes zeigte sich hochinteressiert und wollte in Kürze bei uns sein.

Jetzt setzte emsige Betriebsamkeit ein. Der Tisch wurde abgeräumt, die anderen Konkurrenzblätter wurden von der Bildfläche verbannt, nur die auflagenstärkste Gazette wurde augenscheinlich, aber wie zufällig, auf dem Liegestuhl positioniert. Die Kommandantin schob einen Kuchen in die Backröhre, damit zur Kaffeejause mit dem wichtigen Gast alles bereit wäre. Einzelne Familienmitglieder verschwanden, um sich zu verschönern. Mein großer Bruder kam wieder zum Vorschein, und bedachte seinen Papi mit gekonnt mürrischem Blick. Nur mich tangierte das alles überhaupt nicht. Ich sah dem Treiben vergnügt zu und der Ankunft des Zeitungsmenschen gelassen entgegen.
Als Schreiber der geschätzten Tierkolumne stellte sich uns ein junger Mann vor, der einfühlsam und unaufdringlich Fragen stellte, aufmerksam zuhörte, emsig notierte und viele Fotos von mir machte. Sogar mein großer Bruder ließ sich bereitwillig mit mir fotografieren. Nur das Lächeln meiner Mami wirkte nach dem langen Posieren, mit mir auf ihrer Schulter, hineingeduckt ins kühler werdende Wasser des Sees, bereits etwas eingefroren, meinte mein großer Bruder ...
Zwei Tage später erschien meine Geschichte, mit Bildern von mir und Mami, in der Tageszeitung. Ich war der Star von Seite fünfzehn! Der nette junge Mann hatte wahrheitsgemäß geschrieben, dass ICH meine Mami adoptiert hatte.
Ich ließ mir den Artikel vorlesen und watschelte dann respektlos über den wunderbaren Bericht, um mir einige Haferflöckchen einzuverleiben. Printmedienstar hin, Zeitungsente her: Hunger bleibt Hunger.

„Geentert“

Mamis Federn haben die gleiche Farbe wie meine

Erschöpft

Ich habe meinen Platz in meiner Familie gefunden

„Puddingente“, zufällig gelungen im Juni 2006 – war das bereits ein gutes Omen?

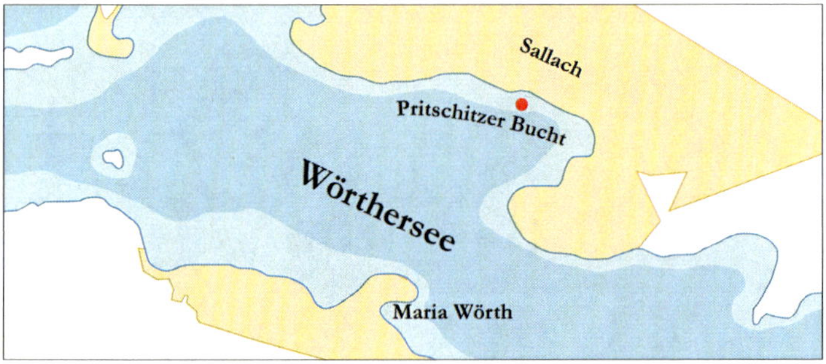

Die Stelle in der Pritschitzer Bucht, wo ich meine Mami gefunden habe

Kuscheln mit meinem großen Bruder
und meinem „Anti-Tanti"

Mein großer Bruder: Durch ihn lernte ich gleich, die Dinge aus der Vogelperspektive zu sehen.

Inmitten meiner ersten Lieblingsspeise Haferflocken

Der Baumeister passte vortrefflich in meine Voliere

◀ Das kleine Entchen hat am Wörther See seine Mutter verloren und „adoptierte" kurzerhand die Wiener Kärnten-Urlauberin Rene [illegible] als Ersatzmama. ▶

„Echte" Familie von „Daisy" wird gesucht

Entchen „adoptiert" Wiener Urlauberin am Wörther See

„Ich bin nicht deine Mama", rief eine Urlauberin am Wörther See. Zu spät: Ein Entchen hatte sie bereits als Mutter „adoptiert". Jetzt schwimmt und watschelt das Küken der Wienerin ständig hinterher, die ihr neues Baby „Daisy" getauft hat. Jetzt will die Ersatzmama „Daisys" Familie suchen . . .

„Der Entenmutter dürfte das Küken wohl abhanden gekommen sein," vermutet die Wiener Urlauberin Rene [illegible] Mitten auf dem Wörther See wurde sie von dem Küken „adoptiert". Mit dem Elektroboot wollen die „Entenmami" und ihr Gatte Helmut die „echte" Familie für das Entchen suchen. „Es einfach freilassen, das geht nicht. Das würde, ‚Daisy' nicht überleben." Klappt's nicht, wird ein neues Zuhause für das Küken gesucht.

Samstag, 29. Juli 2006 — ÖSTERREICH — Seite 15

Wiener Urlauberin am Wörther See von Entchen „adoptiert"

Ich bin doch nicht deine Mami", rief Rene [illegible]. Doch zu spät: Ein süßes Entchen hatte die Kärnten-Urlauberin beim Baden im Wörther See bereits „adoptiert". „Das Küken hat sich auf meine Schulter gesetzt und ist mit mir mitgeschwommen", erzählt die Wienerin. Seither watschelt das Entchen seiner neuen Ziehmutter auf Schritt und Tritt nach. Und wehe der Urlauberin, wenn sie ihr neues Baby „Daisy" einmal alleine lässt, dann wird nämlich lautstark nach ihr geschnattert. Rene [illegible]: „Das Küken dürfte der Entenmutter abhanden gekommen sein." Mit einem Elektroboot will die Frau jetzt auf dem Wörther See nach der echten Familie des entzückenden Entenkükens suchen.

Hannes Wallner, der freundliche Reporter der Kronen-Zeitung, hat unsere Adoptionsgeschichte wahrheitsgetreu aufgeschrieben und mit Fotos belegt.

Tropfnasse Punkerfrisur

Frühstücksüberraschung

Das nächste Abenteuer erwartete mich bereits am anderen Morgen. Die Fröhlich-Resolute und mein Anti-Tanti fütterten gerade die Fische, die in großer Zahl tagtäglich auf ihr Frühstück lauerten, als der Alarmschrei ertönte: „Enten, Wildenten, die Enten sind da! Da ist eine Wildente mit ihren Jungen! Sie sind zwar etwas größer als unser Küken, aber vielleicht wird DiDi doch akzeptiert. Einen Versuch wäre es wert!"
Ich war gerade dabei, gemütlich mein Entenmüsli einzunehmen, als mich von oben eine große Hand packte und eine Stimme meinte: „Probieren wir's einfach ..."

Was? Wie? Mir blieb der letzte Bissen beinahe im Halse stecken. Noch ehe ich wusste, wie mir geschah, hatte mich jemand ins Wasser geschubst, hin zu meinen Artgenossen. Doch weder sie noch ich freuten sich über dieses Meeting. Die halbwüchsigen Rüpel stürzten sich auf mich, tauchten mich unter Wasser und zwickten mich fürchterlich.
„Aua, das tut weh, lasst mich, ich tu euch doch nichts! Hilfe, Mami! Mamiiii! Hiiilfe!"
Ein schneller, sicherer Griff fischte mich aus dem See, und befreite mich aus der Misere. Ich hörte die vorwurfsvolle Stimme meiner Retterin: „Also Leute, was soll denn das! Das wird nichts! Halbwüchsige Enten akzeptieren keine jüngeren, sie sehen sie nur als Futterkonkurrenten."
Puh, das war Rettung in letzter Sekunde! Ich glaube, diese Barbaren hätten mich umgebracht. Fürsorglich trug mich Mami an ein sonniges Plätzchen und setzte mich auf ein flauschiges Handtuch. Jetzt hatte ich Zeit, mich von dem Schock zu erholen und verbrachte die nächste halbe Stunde mit dem Ordnen meines zerzausten Federflaumkleides.
„In jeder Phase des Lebens erwarten dich neue Abenteuer."
Nun ja, auf dieses hätte ich locker verzichten können. Schuldbewusst und etwas zerknirscht tauchte der Übeltäter, der mich ins Wasser bugsiert hatte, mit einer großen Fliege für mich auf. Ich verzieh ihm großzügig, denn Fliegen sind nun mal meine Lieblingsspeise, und in dieser Hinsicht war und bin ich wirklich bestechlich.
Mami hatte sich zu mir aufs Tuch gesetzt und streichelte mir behutsam übers Köpfchen, und ich dachte bei mir: „Wahrscheinlich wird es so sein: Weil Gott nicht überall sein kann, hat er Mamis erfunden."

Ernährungswissenschaft

Allmählich wurde es Zeit, meinen täglichen Menüplan zu erweitern. Als mir irgendjemand aus meiner Großfamilie aufgeweichte Brotstückchen vorsetzen wollte, mischte sich gleich der junge Nachbar ein, der auch schon von meiner Anwesenheit Wind bekommen hatte: „Das würde ich lieber bleiben lassen, davon bekommt es nämlich Bauchweh und wird geschwächt."
Das war das Letzte, was meine Familie wollte. Groß und stark sollte ich werden, und zwar so schnell wie möglich, denn die Nachbarskatze lag schon auf der Lauer … Also nahm man das Brot sofort von meiner Speisekarte.
Anderes Nahrhaftes musste auf den Plan, und ich hatte auch schon etwas ins Auge gefasst. Etwas Kleines, Braun-Grünes hüpfte behände von einem trockenen Grashalm zum nächsten. Das musste ich sofort genauer unter die Lupe nehmen. So schnell mich meine Beinchen trugen, eilte ich dem Hüpfer im Zickzackkurs hinterher und schwupp war er in meinem Schnabel verschwunden. Meine Familie tobte vor Begeisterung.
„Das Kleine ist eine Wucht", nickte auch der nette Nachbar anerkennend über den Zaun herüber, hinter dem noch immer der Kater lauerte.
„DiDilein, nur nicht zu nahe an den Zaun. Komm her, das ist zu gefährlich!"
Fürsorglich hob mich mein Anti-Tanti in die Höhe, setzte sich in den Liegestuhl und mich auf ihren Bauch. Mami gesellte sich zu uns, ausgerüstet mit Sonnenbrille, Schirmkappe und einer Tüte aus Zeitungspapier. In der anderen Hand hielt sie die gefährliche Waffe „Fliegenklatsche". Sie stieß ein imaginäres „Halali" in ihr Zeitungspapierjagdhorn, und weg war sie, zur Heuschreckenjagd auf den nahen Bahndamm.
Nach kurzer Zeit war sie wieder da, schwang triumphierend das Zeitungsstanitzerl und breitete ihre Beute vor mir aus. Ich traute meinen Augen nicht. Da lagen die unterschied-

lichsten Hüpfer und Käferköstlichkeiten. Auch eine Libelle war dabei. Sie war zwar für meinen Geschmack etwas mager, wurde aber dennoch angenommen – und siehe da, sie mundete ausgezeichnet. Ich fühlte mich wie im Schlaraffenland, und Stück für Stück verschwand alles in Windeseile in meinem Schlund.

Ein besonders langes, fettes Exemplar hatte Mami fürsorglich beiseitegelegt, um es für mich in schnabelgerechte Portionen zu zerteilen. Dazu ließ ich es aber erst gar nicht kommen. Ich schnappte mir das dicke Insekt und würgte es gierig hinunter, das heißt, das Ding erwies sich als ziemlich sperrig – und so ragten die mächtigen Sprungbeine und Flügelenden noch geraume Zeit aus meinem Mund.

Der Anblick löste quietschende Lachanfälle bei meinen Familienangehörigen aus. Anti-Tanti war allerdings ein bisschen traurig wegen der Libelle. Diese elfengleichen Wesen gefielen ihr einfach zu gut. Dabei sind diese gewandten Kunstflieger eigentlich so genannte Raubinsekten, das heißt, sie fressen andere Insekten und machen nicht einmal vor ihrer eigenen Spezies halt. Eigentlich sind sie dann ja Kannibalen – aber eben schöne Kannibalen.

Da der Mensch leider dazu neigt, nach Äußerlichkeiten zu urteilen, wird das, was schön anzusehen ist, oftmals automatisch als „lieb" eingestuft, was sich manchmal als fatale Fehleinschätzung herausstellt. Aber so sind die Menschen nun einmal. Man muss sie nehmen, wie sie sind, denn es gibt keine anderen.

Als ich die Festtafel verließ, um meinen „Gänsewein" – in meinem Falle müsste es korrekterweise „Entenwein" heißen – zu schlürfen, lächelte Mami zufrieden: „Das müsste für die nächsten Stunden reichen."

Sie irrte sich gewaltig. Nun war ich erst recht auf den Geschmack gekommen. Heupferdchen waren ab sofort mein absolutes Lieblingsgericht. Nach einem kurzen Nickerchen durchstöberte ich schon wieder die bereits zerknitterte Tüte, um vielleicht noch einen Flügel oder ein Heuschreckenbein zu ergattern. Also musste Mami zur nächsten Jagd aufbrechen. Ich hielt sie auf Trab.

Fressen und gefressen werden

Immer, wenn jemand aus meiner Familie schwimmen ging, wurde ich mitgenommen. Für mich, als geborenen Wasservogel, war das natürlich das Höchste der Gefühle. Seit ich auf der Bildfläche erschienen war, gingen alle oft und gerne schwimmen.

Ich paddelte munter neben meinem jeweiligen Partner oder meiner jeweiligen Partnerin her, gönnte mir hier und da eine kleine Mückenwasserleiche, schnäbelte vergnügt Wasseralgen als Salatbeilage und war rundum zufrieden. Wenn ich mich mehr als zwei Meter von meinem Bodyguard entfernte, genügte ein „Didididi-Komm-Her-Lockruf". Wenn ich diesen hörte und gerade nicht sehr beschäftigt war, kam ich in der Regel sogleich angeschwommen.

Noch effektvoller war das Wasser-Schnatter-Geräusch. Das war wirklich unübertrefflich entengleich. Die klatschenden Geräusche wurden durch das schnelle Auf- und Abbewegen des Zeige- und Mittelfingers sowie des Daumens auf der Wasseroberfläche produziert. Diesen tollen Einfall hatte der schlanke Weißschopf mit dem Qualmholz.

Gerne ging ich auch mit meinem großen Bruder schwimmen, denn der nahm ein Schwimmbrett aus Kunststoff mit, das mir als bequeme Ruheinsel diente, wenn der Ausschwamm zu lange dauerte. Als Krebs-Geborener liebte er das Wasser und daher dauerte es immer lange.

Diesmal nahm mich der große Starke mit der angenehmen Stimme mit. Anti-Tanti hatte gerade die Fische mit geschälten Sonnenblumenkernen gefüttert. (Das Verwöhnprogramm

machte auch vor den Schuppenträgern nicht halt.) Ich konnte es kaum erwarten, ins Wasser zu kommen. Da mir aber die Stufen, die zum See führten, zu hoch waren, musste ich mich in Geduld üben, bis mich der nette Starke hinuntertrug. Geborgen in seiner großen Hand, schwebte ich, wie in einem Lift, bis zur letzten Ebene, knapp über dem Wasserrand.
Mit einem kühnen Hopser stürzte ich mich in die Fluten. Das war allerdings ein Fehler, denn ich hatte nicht bedacht, dass die ewighungrige Fischmeute noch immer auf Futter lauerte. Und das Futter war diesmal ich. Irgendein gefräßiges Biest schnappte zu, zog mich unter die Wasseroberfläche und – spuckte mich im nächsten Augenblick wieder aus.
„Na, du kleiner Wicht, jetzt hast du aber Glück gehabt, dass dies hier Friedfische sind“, hörte ich den großen Starken lachend sagen.
Von wegen, diese dummen Flossenvegetarier sollten besser zuerst mal schauen, bevor sie zuschnappen. Die hatten mir einen gehörigen Schrecken eingejagt. Ich war sauer. Ich und gewöhnliches Fischfutter! Ja, ja, das Leben ist ein einziger Abenteuerspielplatz ... und ich war das Spielzeug gewesen. Von nun an blieb ich immer ganz nahe an meiner Schwimmbegleitperson. Der Nächste, mit dem ich ins Wasser durfte, war der große Schlanke. Ausnahmsweise hatte er seinen qualmenden Holzhaken abgelegt. Ich durfte auf seinen Schultern über ein paar Wellen reiten, die ein Motorboot, mit einer seltsamen Figur samt zwei Brettern an den Füßen im Schlepptau, ausgelöst hatte.
„Achtung DiDi, festhalten, da kommt ein Wasserskifahrer“, warnte mich der große Weißschopf, aber auf seinem runden, glatten Rücken war das leichter gesagt als getan. Ich plumpste ins Wasser. Der Wasserskifahrer ebenfalls. Die Wogen glätteten sich und die wunderbare, smaragdgrüne Tiefe verführte mich zu meiner ersten Tauchexpedition. Es war unbeschreiblich! Ein noch nie gekanntes Gefühl der Schwerelosigkeit, Leichtigkeit und überschäumenden Lebensfreude erfasste mich.

Ich war unter Wasser viel schneller als auf der Seeoberfläche. Diese Erkenntnis ließ mich völlig übermütig werden. Ich vergaß alles rund um mich herum, jede Gefahr und auch meinen Schwimmgefährten. Dermaßen fasziniert von meinem neu entdeckten Talent, überhörte ich total seine Bemerkung: „Was du kannst, kann ich auch."
Als ich wieder auftauchte, war er verschwunden. Ich – allein auf dem weiten See. Das hatte ich schon einmal erlebt! Panik ergriff mich.
So schnell mich meine Beinchen trugen, beschleunigt von wilden Schlägen mit meinen wenige Zentimeter langen Flügeln, „sprudelte" ich übers Wasser, hin zum rettenden Ufer, wo meine Mami stand. Sie schwankte vor Lachen wie ein Schilfhalm hin und her und rief: „Seht euch das an, DiDi läuft übers Wasser – einfach göttlich!"
Wäre ich nicht so erschöpft gewesen, hätte ich mich geehrt gefühlt, denn das hatte vor mir ja nur einer geschafft – und das ist beinahe zweitausend Jahre her.

„Piefke"-Saga

Schwimmen macht hungrig. Stress und Schwimmen verursachen einen Riesenappetit. Mami machte sich wieder, bewaffnet mit Papiertüte, Fliegenklatsche, Schirmkappe, in ihrer weißen Hose, die sie bis zu den Waden hochgekrempelt hatte, und ihrem roten Lieblings-T-Shirt, auf dem eine schwarze Katze abgebildet war, deren Bedeutung ich erst später erfahren sollte, auf den Weg. Nur die Sonnenbrille ließ sie diesmal zu Hause, denn es hatte geregnet, und die Sonne war noch nicht wieder hinter der dicken Wolkenschicht hervorgekommen.
Das hochgeschlagene Beinkleid ließ darauf schließen, dass sie ihr superfeines Mountainbike (sie sprach immer stolz von ihrem roten „Fahrradi") benützte, um neue Jagdgebiete aufzu-

suchen. Da der Bahndamm nicht mehr viel zu bieten hatte, außer eben den Libellen, über die Anti-Tanti ja ein Fangverbot verhängt hatte, musste das Terrain erweitert werden.
Wie sie uns später erzählte, suchte sie die große Wiese mit angrenzendem Stoppelfeld auf, die neben dem Gasthof lag, der wegen seiner reichlichen Portionen aus der köstlichen regionalen Küche und dem wunderbaren Ambiente sehr beliebt war. Die Wiese entpuppte sich als wahres „Heuschrecken-Eldorado". Auch hier also reichliche, köstliche Portionen aus der Genussregion für unsereins. Alle erdenklichen Sorten waren vertreten: braune (mit grünen Querstreifen und gelben Augen), grüne (mit gelben Streifen und braunen Punkten an der Seite), schwarz-braune (mit orangefarbenen Rändern), Winzlinge in sattem Gelb, Riesen in schillerndem Grün und mittlere Kaliber von undefinierbarer, grau-brauner Farbe.
Ehrlich gesagt – mir schmeckten alle gleich gut, Hauptsache dick und fett. Mami spezialisierte sich auf die Grünen mit den gelben Streifen, denn die waren offensichtlich die Unintelligentesten, weil sie sich so leicht fangen ließen. Mir zuliebe machte sie sich auch die Mühe, einigen Schwierigeren nachzujagen, um das Sortiment meiner Speisekarte mit orangefarbenen Bräunlingen, die besonders dick waren, zu bereichern.
So schlich oder hüpfte sie selbstvergessen den munteren Heupferdchen nach. Die weiße Hose, die sie „originellerweise" trug (sie hatte für diesen Urlaub, in der Annahme, dass ewig die Sonne scheinen würde, nur solche eingepackt), war längst nicht mehr weiß, ebenso wenig wie die Schirmkappe, die sie mit ihren bekleckerten Fingern immer wieder zurechtrücken musste. Die Frisur war nicht mehr als solche zu erkennen ...
Devastiert, aber fröhlich wie ein Kind, mit einer Fliegenklatsche und einer großen Tüte voll – nein, nicht Bonbons – bot sie sicher einen sonderbaren Anblick, als eine Urlauberfamilie

an ihr vorbeiradelte. Vorneweg der Herr Papa, wohlgenährt, stramm und aufrecht wie ein General auf hohem Ross, gekleidet in blendendem Weiß, hochrot im Gesicht, mit ausgestrecktem Arm einmal hierhin, dann dahin deutend. Dahinter seine Kavallerie: zwei Nachwuchsgeneräle und die Frau Mama. Der General bremste abrupt. Er rief mit lauter, knatternder Stimme, der ein gewisser militärischer Unterton anhaftete – unverkennbar deutscher Herkunft, und regem Interesse in Mamis Richtung: „Ach Mensch, sag'n se mal, wat jipt's denn hier zu holen?"
„Leckere Heuschrecken", antwortete sie, worauf der wackere Alemanne stutzte und ein gedehntes „Ach, neeee!" verlauten ließ, ehe er kopfschüttelnd mit der Kavallerie davonzog.
Ich möchte wetten, dass er wohl so etwas Ähnliches wie: „Isch globe, die Jute is nisch mehr janz dicht!" oder „Die spinnen, die Ösis!" (frei nach Asterix) vor sich hin gemurmelt hat.
Als Mami später die Anekdote erzählte, gab es ein Riesengelächter und der braune Asket meinte: „Das könnte direkt aus der TV-Serie ‚Piefke-Saga' entnommen sein", und nahm seine Brille ab, um sich eine Träne abzuwischen. Ob es das lustig-verblüffte Staunen des deutschen Urlaubers war oder wegen Mamis verwüstetem Outfit war nicht zu eruieren.

Ein Gefühl wie damals

Immer, wenn Mami von ihrem Jagdausflug zurückkam, war sie bester Stimmung. Und ich auch, wenn ich mich über die gut gefüllte Papiertüte hermachen durfte. Sie erzählte, dass sie sich förmlich in ihre Kinderzeit zurückversetzt fühlte, wenn sie auf einer Wiese Insekten hinterherjagte. In ihrer Kindheit war sie nämlich eine versierte Schmetterlingsjägerin gewesen. Damals gab es noch Unmengen an wunderbaren Faltern in den naturbelassenen Wiesen und Feldern des Dorfes, nahe der un-

garischen Grenze, wo sie aufwuchs. Sie streunte am liebsten stundenlang durch Wälder, Flussauen oder trockene Heidegebiete, um ihrer Sammelleidenschaft zu frönen. Von jeder Sorte fing sie ein besonders schönes Exemplar, um es dann mittels Alkohol zu präparieren und in einem Schaukasten aufzubewahren. Solche Vitrinen hatte sie einmal in einem Museum gesehen, und nun wollte sie sich eine ähnliche Kollektion zulegen. Da steckte ein kleiner „Bläuling" neben einem „Zitronenfalter", ein „Schachbrettchen" neben einem „Kleinen Fuchs", ein prächtiger „Schwalbenschwanz" neben einem tausendfach vorkommenden „Kohlweißling". Ein „Segelfalter", der eine besondere Herausforderung darstellte, weil er einem an Körpereinsatz alles abverlangte, bis man ihn endlich erhaschen konnte, war neben ein „Tagpfauenauge" gespießt, ein „Mauerfuchs" neben einen wunderbaren „Admiral" und noch viele andere große und kleine schillernde Kleinode der Lüfte fanden sich in der Sichtbox.
Einmal entdeckte sie sogar einen ganz besonderen und seltenen Falter: ein „Großes Nachtpfauenauge", das flügellahm war. Er landete nicht im Alkohol. Das beeindruckende Insekt, mit einer Flügelspannweite von achtzehn Zentimetern, bekam etwas Besonderes – eine eigene Villa. Klein Mami baute ihm in ihrer kindlichen Begeisterung ein Miniaturhaus aus Ziegeln, in der Meinung, dass auch ein Schmetterling ein Dach über dem Kopf bräuchte. Ihre Eltern schüttelten belustigt den Kopf über so viel kindliche Naivität.
Wie staunten die drei aber, als sie am nächsten Tag die Türe der „Nachtpfauenauge-Villa" öffneten – der Falter hatte Besuch bekommen. Ein zweites Exemplar hatte sich durch eine Spalte gezwängt um dem Flügellahmen Gesellschaft zu leisten.
Als Klein Mami dann klüger war und die Schmetterlinge weniger wurden, „jagte" sie diese nur mehr mit dem Fotoapparat – und das war noch viel schöner und mindestens genauso spannend und aufregend.

Oder die unglaublichen Maikäferschwärme ihrer Kindheitserinnerungen. Das waren damals noch Zeiten, als in den lauen Mai-Abenden Tausende und Abertausende der braun „gepanzerten“ Insekten durch die milde Luft schwirrten. Wenn man in so ein Geschwader geriet, wurde man glattweg rücksichtslos torpediert. Die Flieger verfingen sich in den Haaren, landeten auf Jacken und Westen, hakten sich fest und krabbelten in alle möglichen Kleideröffnungen. Das gab ein Theater, wenn übermütige Buben die Mädchen mit eingefangenen Maikäfern verfolgten, um sie den kreischenden Jungdamen in Blusenausschnitte oder Krägen zu stopfen.
Aber heutzutage? Wo sind all die Krabbelviecher, die Max und Moritz für einen ihrer bösen Streiche einsetzten, hingekommen? „Es gibt keine Maikäfer mehr“, sang schon vor Jahren Reinhard Mey so trefflich. Ob ich, DiDi Sugarduck, wohl noch einmal in den Genuss eines solchen Insekts kommen würde?
„Kannst du dich noch daran erinnern, wie wir, beim Cowboy- und Indianerspielen, gemeinsam mit den anderen Kindern, die kleine Wiese voll vermeintlicher Sauerampfer wie die Kühe auf der Weide abgegrast haben?“, fragte Mami ihre fröhlich-resolute Freundin.
„Und ob“, lachte diese, „und dass es nicht die gesunden, vitaminreichen Pflanzen waren, merkten wir erst, als wir an diesem Tag ein Dauerabonnement für das WC hatten.“
Von Kindesbeinen an hatte Mami ihren Vater oft und gern zur Jagd begleitet und sah ruhigen Blutes zu, wie er sein Waidwerk ausübte, um dann begeistert und mit bestem Appetit die Jagdbeute (und es waren nicht selten meine Artgenossen dabei) zu verspeisen. Je reifer sie wurde, desto weniger konnte sie es ertragen, Tieren beim Sterben zuzusehen.
So kaufte sie einen Hund, der zum neuen Jagdbegleiter bestimmt wurde. Einige Zeit später passierte ihr dann doch noch ein – in meinen Augen – peinlicher Ausrutscher. (Nun, damals haben wir uns ja auch noch nicht gekannt.) Um ih-

rem Vater eine besondere Freude zu bereiten, legte sie die Jagdprüfung ab. Sie war schon immer ein guter Schütze gewesen, feuerte mit erstaunlicher Treffsicherheit auf aufgestellte Dosen oder Flaschen, Zielscheiben, Kirtagsschießbudenrosen und Tontauben. Ihr Dad war mächtig stolz auf sie, und jetzt, wo sie im Besitze des von ihm so geschätzten Stückes Papier war und offensichtlich auch in seine Fußstapfen treten würde, erst recht.
Dann wurde sie mit ihrem Vater zur ersten Treibjagd eingeladen. Sie verabscheute Treibjagden. Die armen Tiere werden aufgescheucht, gehetzt, die Jägermeute ballert los, auf alles, was um sein Leben rennt oder fliegt und offiziell erlegt werden darf (vieles bleibt dabei auch inoffiziell auf der Strecke – manches Mal sogar ein Jäger), und zum Schluss werden die Hunde losgeschickt, um auch noch das letzte bisschen Leben aus den manchmal nur verletzten Kreaturen zu schütteln.
Ich meine, wenn die Menschen schon keine Vegetarier sein wollen und unbedingt ihr Wildbret speisen müssen – ich darf mich davon nicht ausnehmen, denn auch mir schmecken ja Würmer, Schnecken und Insekten –, wäre es doch ungleich besser, die Tiere ohne zusätzlichen Stress zu erlegen: aus dem Hochstand, den Hasen zum Beispiel, friedlich in Wiese oder Kleefeld mümmelnd oder wenn er in der Sasse gerade ein Nickerchen hält, die Fasane und andere „Flatterlinge" in Ruhe und Beschaulichkeit, entweder bei der Nahrungsaufnahme am Boden oder aufgebäumt, bereit für ein Schläfchen.
Meine Artgenossen müssten natürlich komplett verschont werden. Aber die Menschen haben auch dafür seltsame Regeln und einen Verhaltens- und Handhabungskodex erfunden, kurz Jagdgesetz genannt, und da stehen nun die Dinge verkehrt herum beschrieben. Mein lieber Schwan, wer hatte sich wohl diese „Verordnung" ausgedacht?
Mami nahm also, ihrem Vater zuliebe und um „das Gesicht zu wahren", an einem dieser gesellschaftlichen Unheil-Lights

teil. Sie war die einzige weibliche Person, und viele Augen richteten sich erwartungsvoll auf sie. Als einige Fasane aus dem Dickicht aufstoben, legte sie halbherzig auf einen der herrlichen Vögel an und schoss – gekonnt – daneben. Erleichtert sah sie ihn davonfliegen. Die geringschätzigen Blicke und hämischen Bemerkungen tat sie mit einem lächelnden Achselzucken ab. Es war ihre erste und gleichzeitig letzte Jagd mit einem Gewehr, von nun an nur mehr mit der Kamera.
Je weiser sie wurde, desto mehr lag ihr das Wohl der Tiere am Herzen. Sie trug keine Pelze mehr, nicht einmal jene, die ihr Vater auf „humane", waidmännisch korrekte Art erbeutet und extra für sie, als schicke Jacken, hatte anfertigen lassen. Irgendwann versuchte sie sich sogar als Vegetarierin. Auch die Fliegen, Wespen, Bienen und andere „Summer" und „Brummer", die sich ins Innere der Wohnung verirrt hatten, wurden sanft in ein Tuch gebettet und ins Freie gebracht. Für die Spinnen im Keller hatte man sich eine eigene Fangmethode ausgedacht. Ein Blatt Papier unter das Krabbeltier geschoben, ein Glas darüber, dann mit Schwung umgedreht. Das kleine Monster wurde liebevoll im Garten oder im Holzstoß hinterm Haus wieder ausgesetzt.
Und jetzt das! Nun fing das Morden wieder an. Jede Mücke, Spinne, Fliege, Heuschrecke war ihres Lebens nicht mehr sicher. Mami hatte sich, wie durch eine magische Zeitreise, wieder ins Stadium der kindlichen Insektenfängerin zurückbegeben. Tja, was tut man nicht alles, um ein Kind großzuziehen!

Ente im Korb

Ich wuchs und gedieh prächtig. Alle Familienmitglieder waren um mein Wohlergehen bemüht. Ich war der „Hahn", nein, in meinem Falle, die „Ente" im Korb. Die Fliegenklatsche war allgegenwärtig und wurde sogar ins Restaurant mitge-

nommen, weil da erfahrungsgemäß immer die dicksten, tollsten Brummer herumschwirren, wenn es sich zum Beispiel um ein Fischrestaurant handelt, man im Freien diniert, es warm und windstill ist und man lange aufs Essen warten muss.
Fliegenjagd ist ein wunderbarer Wartezeitvertreib, und es erfordert eine besondere Geschicklichkeit, den Schlag so präzise auszuführen, dass das Insekt weder in die Speisen noch in die Getränke plumpst oder die Jagdbeute irgendwo am Boden in Verlust gerät. Noch schlimmer ist es, wenn die Speisen und Getränke mitsamt dem Insekt unter dem Tisch verloren gehen.
Der große Starke mit dem gemütlichen Federbusch – äh Bart – um den Mund hatte seine eigene Fliegenfangmethode. Er erbeutete sie blitzschnell mit der Hand. Die fettesten Exemplare traf man oft auf dem stillen Örtchen. Mami war sich nicht zu schade, die Fliegenklatsche auch dorthin mitzunehmen. Dem großen Weißschopf war das alles furchtbar peinlich, und er qualmte noch mehr als sonst.
Mir war das überhaupt nicht peinlich. Ich stürzte mich freudig auf die in Servietten mitgebrachten Leckerbissen. Alle waren glücklich, wenn es mir schmeckte.

Unnötigkeiten

Der Hausherr des Feriendomizils, der hin und wieder zu Besuch kam, betrachtete mich mit scheelen Blicken. Er gehörte jener Sorte Mensch an, die bei unsereins als „Besser-Quak-Kacker“ bekannt sind.
Nicht, dass sie wirklich alles besser wissen oder können, aber rein theoretisch sind sie zumindest fest davon überzeugt, die Weisheit mit einer Riesenmuschelschale gelöffelt zu haben. Sie haben ihre eigenen Gesetze, und das wichtigste davon lautet: Erstens – ich habe immer Recht, zweitens – sollte dies einmal nicht der Fall sein, tritt automatisch Punkt eins in Kraft.

Er gab uns den guten Rat, mich, ohne weitere Überlegungen, dem Wörthersee zu übergeben, denn das wäre die beste Lösung. Als dieser wohl nicht ganz ernst zu nehmende Tipp geflissentlich überhört wurde, gab er noch folgenden wichtigen Hinweis: „Eine Ente gehört nicht ins Wohnzimmer, sondern in die Küche – und zwar in die Bratpfanne! Also füttert sie nur ordentlich und ladet mich dann zum Entenbraten ein."
Mit dieser „Ansage", die gemeinhin als verbaler Müll abzutun war, erhielt er von Mami die „Rote Karte". Da er aber immerhin der Herr des Hauses war, und außerdem nach dieser abdankwürdigen Aussage schon wieder beim Abreisen, schenkte sie ihm nur einen geringschätzigen Blick und streckte ihm, hinter seinem Rücken, die Zunge heraus.
Wenn er gewusst hätte, wo ich meine Nächte verbringen durfte. Mami hatte mir aus dem Supermarkt einen geräumigen Lebensmittelkarton geholt und ihn mit Zeitungspapier und weichen, trockenen Gräsern gepolstert. Darin sollte ich des Nachts schlafen. Ich wurde, samt Schachtel, in den kleinen Vorraum verfrachtet. Aber das gefiel mir überhaupt nicht, und ich hatte im Nu heraus, wie ich meiner Enge entkommen konnte. Ich war zwar noch klein, aber dennoch schon Meister im Hochsprung. Ich wurde erneut hineingesetzt, und auf den Karton legte man einen Grillrost. Wie originell! Mich einfach so wegzusperren, abseits der Gesellschaft, wo ich doch so ein kommunikatives, soziales Wesen war, das war die Höhe! Was war Mami da nur eingefallen?
Kaum war das Licht ausgeschaltet, zeterte ich los, so laut ich konnte. Mein minutenlanges „Piep, piep, piep, piep, piep, piep, piep, piep" quittierte sie mit einem: „DiDi, gib Ruhe! Ich bin wirklich müde. Irgendwann möchte auch ich schlafen!"
Dann stopfte sie sich Ohropax in die Gehörgänge und war nicht mehr für mich zu sprechen. Grausam! Erbarmen! Sie hatte noch nicht gelernt, so wie ich, tagsüber zwischendurch kleine Schlafpausen einzulegen, und ich hatte noch nicht ge-

lernt, auf Kommando zu schlafen. Außerdem wollte ich unter die weichen Federn meiner Mami schlüpfen. Sie hatte wohl ganz vergessen, dass dies bei unsereins so Sitte war.
Ich rumorte in meinem Kartongefängnis und versuchte vergeblich auszubrechen. Mein „Piep, piep, piep“ wurde immer eindringlicher, bis sich Anti-Tanti doch noch meiner erbarmte. Mit den Worten „Komm her, mein süßes Zwergerl!“ nahm sie mich hoch und setzte mich unter ihre dunklen Locken. Pipilipip-qua-qua! Ich hatte gewonnen!
Dann nahm sie mich mit in ihr Schlafzimmer, belegte den weichen Teppich dick mit Zeitungspapier und setzte mich darauf. Sie sprach noch einige beruhigende Worte. Es klang wie eine „Gute-Nacht-Geschichte“ – lieblich und angenehm. Ich verkrümelte mich unter ihr Bett, hörte noch zufrieden ihre tiefen Atemzüge über mir und war selbst auch schon bald im Land der Ententräume. Von nun an war ihr Schlafzimmer auch mein Schlafzimmer.

Was wird werden

Die heißen Julitage hatten mit den warmen Augusttagen getauscht. Je näher der Zeitpunkt der Abreise aus dem Feriendomizil rückte, desto öfter drehten sich die Gespräche um ein Thema: Wohin mit DiDi? Was sollte mit mir geschehen? Ratlosigkeit machte sich im Familiennest breit.
Wenn es nach der kaltherzigen Empfehlung des Hausherrn gehen sollte, musste ich der Wildnis übergeben werden, einem ungewissen Schicksal überlassen, einer unbestimmten Zukunft entgegen – wenn man überhaupt von Zukunft sprechen konnte. Meine Familie sollte einfach ohne mich abreisen, ganz nach dem Motto: „... und hinter mir die Sintflut.“
Ein anderer Vorschlag lautete, es beim Tierschutzhaus in der Landeshauptstadt zu versuchen. Ich, in einer kleinräumigen

Voliere eingesperrt – womöglich zusammen mit anderen Gefiederten, die ich nicht mochte oder die mich nicht ausstehen konnten ... Brrrrrr, was für ein schauriger Gedanke!
Noch ein anderer äußerte die Hoffnung, dass sich vielleicht doch noch jemand melden könnte, der etwas von Wildenten verstünde, ein Grundstück am See hätte oder ein Haus mit Garten und Teich und mindestens so liebe- und verständnisvoll zu Tieren wäre wie Franz von Assisi.
Der große Schlanke hatte nämlich damals beim Journalisten anklingen lassen, er möge sich umhören, ob jemand eine Wildente haben wollte und ihm auch schon seine Telefonnummer mitgegeben. Bis jetzt hatte er vergeblich auf einen Anruf gewartet.
Ich kümmerte mich nicht weiter um all das Gerede, denn ich hatte ja mein Zuhause, meine Familie schon gefunden. Ich hatte mich längst für sie entschieden. Warum sollte ich woandershin?
Meine Mami beteiligte sich auch nicht an den Gesprächen über meine Zukunft, sondern lächelte nur. Wenn die Vorschläge zu bizarr und die Diskussionen zu grotesk wurden, meinte sie lakonisch: „Komm DiDi, wir gehen schwimmen." Das war wirklich das Beste. Den Problemen einfach davonschwimmen. Das können wir Enten besonders gut. Wie der kleine Prinz für seine Rose, war Mami jetzt für mich verantwortlich, richtigerweise eigentlich ich für sie, weil ICH sie mir ja vertraut gemacht hatte ... Aber lassen wir das, denn ich weiß nicht, ob dieser Philosophie irgendjemand folgen kann. Viel simpler war da die Aussage meiner mir Anvertrauten, als sie mir zuraunte: „Weißt du, jeder Mensch hat einen Vogel – und ich habe jetzt eben zwei ..." Ja, es gibt Dinge, die einem einfach zufliegen – und ich war ihr einfach zugeschwommen.

Eine neue Freundin

Ich hielt gerade unter Anti-Tantis Locken ein kleines Nickerchen, als der Nachbar über den Gartenzaun rief: „Ist das Entchen noch bei euch? Wir haben Besuch, und meine Gäste würden das Kleine zu gerne sehen. Könnten sie wohl einen Blick darauf werfen?"

Eigentlich hatte ich gar keine Lust, mein Schläfchen im wohlig warmen Genick meines Tantchens zu unterbrechen, aber Mami hatte mich schon hervorgeholt und trug mich zum Zaun, wo der Besuch des Nachbarn bereits neugierig wartete. Sogleich setzte ein überschwänglicher Lobgesang über mich ein. In meinen Ohren klang es wie ein sich überschlagendes Zwitschern und Tirilieren. Wortwörtlich aber hieß es: „Mein Gott, wie süüüüüüß! Einfach unglaublich! Das Entzückendste, das ich je zu Gesicht bekommen habe! So ein kleines, wunderschönes Wesen! Darf ich es anfassen? Kann ich es streicheln? Lassen Sie es mich auch einmal halten?"

Unbeschreiblich sanft nahm sie mich in ihre zarten Hände und beugte sich über mich. Ich blickte verschlafen in zwei blau-grüne Augen, an deren äußeren Rändern sich markante Lachfältchen eingegraben hatten. Die Sonnenstrahlen spielten in ihren rotblonden kurzen, gewellten Federchen, pardon – Haaren, und unterstrichen ihr strahlendes Äußeres noch zusätzlich.

Als Mami die Geschichte erzählte, wie ICH hartnäckig und zielstrebig, ohne lange zu überlegen – so quasi aus heiterem Himmel heraus oder noch treffender aus glasklarem Seewasser heraus – beschlossen hatte, sie zu adoptierten, da überschlug sie sich noch einmal.

„Ist ja unfassbar! Dass es so etwas gibt! Von der Prägung von Wildgänsen auf Menschen habe ich ja, durch die Konrad-Lorenz-Forschung, schon gehört. Dieser Fall scheint ähnlich und dennoch etwas anders zu sein. Nein, das ist eine Kuriosi-

tät! Wie ich sie darum beneide", rief die junge Frau. „Ich wollte auch immer eine Wildente haben, aber meine beiden Katzen würden so etwas wohl nicht dulden."
Ich blinzelte verdutzt und ein bisschen verlegen. Wenn ich gewusst hätte, welche Begeisterungsstürme mein Anblick auslösen würde, hätte ich mich vorher noch gestylt und meinen muntersten, freundlichsten Blick aufgesetzt. Irgendwie gelang mir das sowieso immer leicht. Ich brauchte nur meine schwarzen Knopfäuglein weit aufzumachen, und schon hatte es den Anschein, als würde ich ständig lächeln.
Mami meinte, das käme von der interessanten Kolorierung. Mein Köpfchen war von einem dunklen Schwarz-Braun. Ein gelber Streifen zog sich beidseitig vor bis zu meiner „Denker"-Stirn. Von der Nasenwurzel weg führte wiederum ein grau-brauner Streifen bis zu meinen Augen, umrandete diese dramatisch, wie eine Maske oder eine Brille, und verlief sich irgendwo am Hinterkopf. Am Schnabelrand hatte mir Mutter Natur auch noch einen kurzen, nach oben verlaufenden, goldbraunen Streifen verpasst, der einen verschmitzt-schelmischen Ausdruck in mein Gesicht zauberte. Die grau-braune Färbung, von Buttergelb unterbrochen, setzte sich, über den ganzen Körper hinweg, absolut symmetrisch fort. Kurz: Ich war ein Kunstwerk.
Der Partner der überschwänglich Begeisterten drängte zum Aufbruch, und so nahm sie schweren Herzens Abschied, doch nicht, ohne sich vorher zu vergewissern, dass sie für einen nächsten Besuch jederzeit willkommen wäre. Ich hatte einen neuen Fan.
Zwei Tage später war sie schon wieder da. Sie brachte mir tolle Geschenke mit: ein flauschiges Deckchen für die Nacht und ein seltsames Ding, in Form eines kleinen Hundes. Ein Hund für mich – nicht für Mami! Echt komisch! Das „Fell" war gelbgefranst, und er hatte lustige, lange, rote Ohren und eine ebensolche Krawatte um den Hals, ein so genanntes „Kuscheltier". Mami hegte ihre Zweifel, was ich wohl von einem „Schmusetier" halten würde. Die Vorstellung, dass eine Wildente sich

für so etwas begeistern könnte, war doch ein wenig absurd. Sie traute wohl meinen Schmusefähigkeiten nicht. Aber gleich wurde sie eines Besseren belehrt. Ich watschelte auf den „Gelbzotteligen“ zu und beförderte ihn mit einem sicheren Schnabelhieb vom Tisch auf den Boden.

Allgemeines Gelächter quittierte meine Aktion. Die Fröhlich-Begeisterte holte das Hündchen flugs wieder vom Boden und setzte es erneut vor mich hin. Die Attacke gegen den „Gelbgefransten“ war eigentlich gar nicht als solche geplant gewesen und eher als Ausrutscher zu betrachten, daher zog ich jetzt alle Register meiner zärtlichen Schmusekunst: Ich zupfte und schnäbelte an seinen Fransen, zog mal an seinen roten Ohren, dann an seiner Krawatte und pikste vorsichtig in seine schwarzweißen Kulleraugen. Der „Gelbgefranste“ sagte kein Wort und verzog auch keine Miene, dafür aber mein neuer Fan.

Sie lachte, bis ihr die Tränen über die Wangen rollten. Die Fröhlich-Resolute hatte Kaffee gekocht und dazu wieder einen ihrer phantastischen Obstkuchen mit „Schneehäubchen“ gebacken, und wir saßen gemütlich plaudernd zusammen, genau so, wie man es sich für einen Urlaubstag am Wörthersee vorstellt.

Ich kostete ein paar Kuchenbrösel, delektierte mich aber dann doch lieber an Mamis frischen Heupferdchen. Dabei lieferte ich eine weitere Showeinlage, indem ich ein besonders großes Insekt auswählte, das mir prompt vor den Füßen unseres Besuches aus dem Schnabel fiel. Das wirkte natürlich überaus gastfreundlich, gerade so, als ob ich dem Rotschopf einen Leckerbissen anbieten wollte. Ein erneuter „Mein-Gott-ist-die-süüüüüüß“-Ausruf war die Folge. Die Heuschrecke überließ sie aber großzügigerweise mir.

Unter dem Motto „Kinder, Tiere, Pflanzen, da liegt die Welt noch im Ganzen“ verlief der Sommernachmittag in schönster Harmonie, und ich war stolz darauf, Mami zu einer neuen Freundin verholfen zu haben.

Abschied von meiner Heimat

Die letzten Ferientage vergingen wie im Fluge – wie im Entenflug. (Diese Vorbeiflieger wurden von mir immer noch komplett ignoriert.) Einerseits, weil ich nicht zu jener Spezies gehöre, die eine Uhr trägt oder mit dem Begriff „Zeit" etwas anzufangen weiß, andererseits, weil ich keine Ahnung hatte, dass meine Tage hier gezählt waren, lebte ich, in der Annahme, alles würde für immer so bleiben, munter in den Tag hinein. Im Haus und draußen, auf dem See, unter den Gartenliegen, zwischen den Büschen, ich war wohl umsorgt und behütet. Anti-Tantis ständiges „Mäuschen, bist du noch da?" (sie schlug dabei immer einen so süßen, zärtlichen Ton an, dass ich ihr für das „Mäuschen" unmöglich böse sein konnte) quittierte ich sofort mit einem zufriedenstellenden „Didilidid-pipilipip".
Dann kam der Tag, an dem alles anders wurde. Mami ging, wie immer am Morgen, mit mir „Muschelsuppe" holen. Das heißt, sie zerdrückte mit einem kleinen Stein die winzigen Pfahlmuscheln, die zuhauf an den großen Ufersteinen hafteten, und ich schnäbelte und schlürfte diese Leckereien gierig in mich hinein. Dann füllte sie ein Glas mit diesen Köstlichkeiten und verschloss es mit den Worten: „So DiDi, das ist ein letzter Gruß vom Wörthersee."
Anti-Tanti hatte fürsorglich dünne Nudeln gekocht – eine weitere Leibspeise von mir – und drückte Mami ein Einsiedeglas, randvoll damit, in die Hand. „Die wirst du sicher für DiDi auf der langen Fahrt brauchen", meinte sie und streifte mich mit einem wehmütigen Blick.
Ich hatte keine Ahnung, wovon sie sprachen und verfolgte mit großem Interesse die seltsame Betriebsamkeit, die an diesem Morgen in dem kleinen Häuschen herrschte. Da türmten sich riesige Gepäckberge, raschelnde Säcke, lose Gerätschaften der seltsamsten Art, Matten und Schwimmflossen, die sich mein großer Bruder gerne anzog (wahrscheinlich, um

mir noch ähnlicher zu sein), Körbe und Taschen, Gitarren und Schuhe – kurzum, es herrschte ein ungeheures Tohuwabohu, knapp am Rande des Chaos – und ich mittendrin.
Ich wuselte munter zwischen den Gepäckstücken herum und war gerade dabei zu testen, ob das Zippverschluss-Schiebergriffchen einer Reisetasche, das einem großen schwarzen Käfer verblüffend ähnlich sah, eventuell auch essbar wäre, als mich eine Hand von hinten emporhob und die wohlbekannte, sonore Stimme des großen Starken erklang: „Komm, mein Zwergerl, dich setzen wir in einen feinen Reisekarton." Er streichelte mich noch einmal liebevoll, und dann wurde ich in eine große Schachtel gesetzt. Sie war sonnenblumengelb, und darauf stand in großen Lettern „Rama" – „DiDi-Rama". Quakerliquak – echt pipi-fein!
Sie hatten weder Kosten noch Mühen gescheut, für mich eine Villa zu organisieren, in der vorher bereits die indische Gottheit logiert hatte! Ich fühlte mich geehrt und geschmeichelt. Ausgestattet mit Zeitungspapier, Heu und dem weichen Tüchlein von meinem rotgelockten Fan, fand ich es direkt gemütlich. Ihr gelbgefranstes Kuscheltier leistete mir Gesellschaft. Alle Familienmitglieder waren um mich versammelt und beugten sich über meine Luxusbox, um sich rührend von mir zu verabschieden. Ich hatte keine Ahnung, dass es ein Abschied auf lange Zeit von meiner Großfamilie und ein endgültiger Abschied vom See war. Dann hob mich Mami hoch und trug mich in meinem Karton hinaus, zu einer noch größeren Kiste aus Blech, die Auto genannt wird, um mich darin zu verstauen. Der gutmütige große Starke mit der angenehmen Stimme, der mit dem distanzierten Braunen so gerne Pilze gesammelt hatte, die Resolute, die so oft und fröhlich lachte und dabei die köstlichsten Speisen „aus dem Ärmel zauberte", der drahtige, braune Asket, der immer über alles Bescheid zu wissen schien, und mein liebes, weiches, aufopferndes Anti-Tanti entfernten sich somit aus meinem Leben.

Auf dem Heimstau

Nun saß ich also zu Mamis Füßen in meinem Karton, und die große Blechkiste brummte vor sich hin. Der große schlanke Weißschopf, diesmal ohne Qualmhaken, sah lächelnd auf mich herunter, und Mami sah lächelnd zu ihm hinüber. Der Rest meiner nun kleineren Familie saß irgendwo dahinter.
So entfernten wir uns immer weiter vom schönen Wörthersee. Wir fuhren, besser gesagt wir stauten gen Osten. Es war Urlauberschichtwechsel, und alle wollten offensichtlich in Richtung Nordost. Auf der anderen Seite der Autobahn wollten offensichtlich alle gen Südwest. Bald schon gab es keine Bewegung mehr in der Blechlawine – alles stand still. Mir wurde heiß, ich hatte Durst und Hunger, und so versuchte ich, der „indischen Gottheit“, die mich gefangen hielt, zu entkommen.
Mami bemerkte meine Bemühungen und war sofort mit einem Schälchen Wasser zur Stelle. Gierig und geräuschvoll schlürfte ich die kühlende Flüssigkeit und einige Nudeln in mich hinein. Dies entfachte bei meiner Familie einen längst fälligen Heiterkeitsausbruch, und somit sorgte ich für kurzfristige Entspannung, während sich die schier endlose Kolonne im Schritttempo dahinquälte.
Ich startete noch einige Ausbruchsversuche, die aber von Mami konsequent unterbunden wurden. Sanft, aber bestimmt wieder in meine Ausgangsposition zurückgebracht, gab ich schließlich auf, setzte mich in eine Ecke meiner Villa und hielt ein Verdauungsschläfchen.
Irgendwann, mir kam es wie eine Ewigkeit vor, hörte ich sie sagen: „Jetzt sind wir gleich da.“ Zum Chauffeur gewandt, meinte sie vergnügt: „Schau, wie fein, sie wartet da vorne bereits auf uns. Fahr bitte einfach hinterher, wir werden gelotst.“
Der Lotse entpuppte sich als flotte Fahrerin, und die Straße führte kurvenreich hügelauf und -ab. Ich fühlte mich wie ein

Tischtennisball. Ping-pong, ping-pong! Von einer Seite auf die andere geschleudert, versuchte ich mich mühsam auf meinen Beinchen zu halten, bis sich Mamis rettende Hand als Sicherheitsgurt um mich legte. Endlich wurde die Blechkiste angehalten, und ich durfte aussteigen.
Meine liebe Adoptierte stellte mich einer Freundin vor, bei der wir nun zu Gast waren. Sie gefiel mir ausnehmend gut. Lange schwarze Haare, blendend weiße Zähne und strahlende Augen – und auch ich löste Begeisterung bei ihr aus. Lustig und quirlig war sie und verschwand, fröhlich plaudernd, mit Mami im Haus, um aus der Küche Köstlichkeiten für den Mittagstisch heraus auf die Gartenterrasse zu tragen. Auch ich machte mich sogleich auf die Suche nach Essbarem in der Wiese unter den Obstbäumen.

Schmerzhafte Erfahrung

Meine Familie saß mit der Gastgeberin unter einem riesigen Sonnenschirm und erzählte wieder einmal, wie ich zu meiner Familie gekommen war. Ich hatte auch schon die eine oder andere Mücke verspeist, als ich einen neuen Leckerbissen entdeckte. So etwas war mir bisher noch nicht vor den Schnabel gekommen: braun-grau, mit kleinen silbrigen Flügeln und von einer Blüte zur anderen fliegend. Das Ding musste ich kosten.
Mami, die mich beobachtet hatte, schrie entsetzt auf. „Nein, DiDi, lass das!“ Sie sprang auf – zu spät. Ich war diesmal schneller und hatte das summende Insekt schon im Schnabel. Aua! Was war das? Ein bisher ungekannter, stechender Schmerz durchfuhr meine Zunge, meinen Gaumen, meinen Kopf. Wäre ich ein Hund gewesen, hätte ich jetzt wenigstens laut aufjaulen können – aber mir entrang sich nur ein wehklagender, leiser Piepston. Ich schüttelte meinen Kopf wie wild, um

den Wahnsinnsschmerz abzuschütteln oder den Peiniger loszuwerden. Ich wusste nicht mehr, wo mir der Kopf stand.
Mami kniete neben mir. Kläglich leise und leicht vorwurfsvoll jammerte sie: „Mein kleines Dummerchen, was fällt dir denn ein? Warum musst du dir ausgerechnet eine Biene aussuchen? Wenn das nur gutgeht."
Sie trug mich zu dem kleinen Gartenteich und ließ mich trinken. Um den hatte ich anfangs einen großen Bogen gemacht und mich geweigert, ihn zu beschwimmen, weil er mir mit seiner schwarzen Folie unheimlich war. Jetzt war mir das schwarze Ding egal, Hauptsache kühles Wasser.
Meine Zunge brannte höllisch, und ich litt stumm, als ich unter Mamis Sessel Platz genommen hatte. Für die nächste Zeit hockte ich da, bewegungslos und apathisch, und wartete, dass das Brennen in meinem Gaumen, das Hämmern in meiner Stirn nachließen.
Alle Familienmitglieder waren rührend um mich besorgt. Es tat unsagbar wohl, bedauert zu werden. Ihre Ängste, ich könnte den Bienenstich nicht überleben, konnte ich jedoch schnell zerstreuen, indem ich mich bald schon wieder auf die Beine machte, um erneut mein Jagdglück zu versuchen. Von Bienen aber hatte ich den Schnabel gründlich und endgültig voll!

NIKI

Wir verabschiedeten uns von der lustig-quirligen Schwarzhaarigen, und ich fand mich wieder in „DiDi-Rama" ein. Unser nächstes Etappenziel war Fürstenfeld, wo die Großmutter meines großen Bruders und seines noch größeren Bruders wohnte und wo ein gewisser „Niki" jedes Mal Quartier bezog, wenn meine Familie in die Ferien fuhr.
Immer wieder war von ihm die Rede gewesen. Wie es ihm wohl in der Zwischenzeit ergangen war? Ob er noch selbst laufen konnte

oder nur mehr durch die Gegend rollen würde, weil er zu viel gefüttert worden war? Die meisten Gedanken aber wurden darüber verschwendet, wie er wohl auf mich reagieren würde. Ich war schon sehr gespannt, diese Persönlichkeit kennen zu lernen. Bei der Ankunft wurden wir lautstark und temperamentvoll von Mamis Mutter begrüßt. Sie war hellauf begeistert, dass ich also doch mitgekommen war, und die nächste Äußerung war auch schon, was wohl Niki zu mir sagen würde. Mein großer Bruder zögerte nicht lange, sondern hob mich aus der „Villa Rama" und stürmte mit mir ins Haus, noch ehe ihn irgendjemand bremsen konnte. Mein großer Bruder war immer ziemlich spontan. Er sprang leichtfüßig die Treppen zum Obergeschoss, wo sich die Schlafzimmer befanden, hinauf, immer zwei Stufen auf einmal nehmend, öffnete dann aber doch behutsam und vorsichtig die Tür zu Omas Schlafgemach und schlich, mit mir in der Hand, zum Bett.

Auf der kuscheligen Tagesdecke lag, mächtig groß und schwarz wie die Nacht, eine Katze, besser gesagt ein Kater, und noch genauer ein „Kastro" (von Mami so genannt, weil er seiner Männlichkeit beraubt worden war). Das also war Niki, ein weiteres Familienmitglied.

„Hallo Niki, schau, wen ich da mitbringe", begrüßte mein großer Bruder den mächtigen Schwarzen und setzte mich ohne Bedenken neben ihn. Dann breitete er seine Arme um Niki und mich und wartete, was passieren würde.

Der Exkater riskierte ein halbverschlafenes Auge, dehnte und streckte sich ein wenig, begrüßte meinen großen Bruder, indem er ihm galant die Hand küsste, und tat im Übrigen so, als hätte er mich nicht bemerkt. Er ignorierte mich!

Ernste Zweifel stiegen in mir auf. Vielleicht war ich ja doch nicht so bemerkenswert, wie es bisher den Anschein gehabt hatte, oder der Kerl war einfach nur über alle Maßen überheblich und von sich eingenommen. Das galt es noch herauszufinden.

Als ich, durch die Mulde, die in der Bettdecke entstanden war, einige Zentimeter näher an ihn heranrutschte, schenkte er mir, mit einem „very sophisticated"-Gesichtsausdruck, einen müden Seitenblick – und das blieb auch schon seine einzige Reaktion. In dem Moment kam Mami und verharrte, starr vor Schreck, im Türrahmen, als sie unserer trauten Dreisamkeit auf dem Bett ansichtig wurde.
„Das habe ich kommen sehen. Niki ist, dank Omas Mastkur, so faul und dick geworden, dass er kein Ohr mehr rührt. – Also mach dir keine Sorgen, der tut DiDi sicher nichts", beschwichtigte sie mein großer Bruder.
Erst später sollte ich es begreifen: Niki war ein „Sir". Obwohl er optisch in die Kategorie „gewöhnliche Hauskatze" einzuordnen gewesen wäre, waren sein Charakter, seine Ausstrahlung und sein Auftreten wie das einer vornehmen Figur aus „Aristocats", der es wohl nie im Leben eingefallen wäre, sich an einem kleinen, wehrlosen Küken zu vergreifen.
Oma war rührend um unser leibliches Wohl besorgt. Sie versuchte ständig, meine Familienmitglieder als Testpersonen für ihre Variation des Schlaraffenlandes einzusetzen. Mami winkte nach Kaffee und Kuchen aber bereits dankend ab und meinte, dass wir noch zu einem Geburtstagsfest geladen seien, und das klang erneut verdächtig nach Kulinarium.

Neue Fans

Ich wanderte samt meiner „göttlichen Villa" wieder in die blaue Blechkiste auf vier Rädern, und ab ging's zur Geburtstagsparty. Noch bevor ich so richtig meinen Unmut über meine erneute Freiheitsbeschränkung kundtun konnte, waren wir auch schon am Ort des festlichen Geschehens. Wir wurden bereits sehnsüchtig erwartet, wie es sich für einen Medienstar gehört. Acht Kinderhände streckten sich ungeduldig nach mir aus, als mei-

ne liebe Adoptierte mit mir aus dem Auto stieg. Die Jubel- und Entzückensschreie glichen den Begeisterungsausbrüchen, wenn Robbie Williams einer Luxuslimousine entsteigt oder die Jungs von „Tokio Hotel" irgendwo auftauchen.
Ich fühlte mich geehrt, war aber doch froh, als mich Mami den nach mir grabschenden Händen entzog, denn sie meint, dass Tiere Gefährten, aber nie Spielzeug für Kinder sein sollten. Schnell ordnete ich mein Gefieder, um mich dem Geburtstagskind in voller Schönheit zu präsentieren.
Alle Gäste strömten herbei, um mich zu bestaunen. Die Köpfe wurden über mir zusammengesteckt. Ich wurde herumgereicht und die „Jubilarin" drückte ihre Freude über mein Erscheinen mit den Worten „Mei, bist du herzig!" aus und strich mir dabei sanft übers Köpfchen.
Dann erschien der Hausherr und meinte jovial, aber mit leicht zweifelndem Unterton: „Was stand da über euch geschrieben? Dass das Kleine dich für seine Entenmutter hält, auf dich fixiert ist und mit dir schwimmen geht? War das nicht etwa eine Zeitungsente? Wollt ihr uns das nicht vorführen, weil so richtig glaub ich das nicht."
Und ob wir das wollten. Da ließen wir uns nicht zweimal bitten. Mami schlüpfte schnell in ihre Badesachen – ich hab meine ja immer an und bin daher allzeit bereit –, und dann absolvierten wir im hauseigenen Badeteich unser Showprogramm. Mami schwamm mit ruhigen Armbewegungen voraus, und ich, immer dicht an ihr, im Kielwasser hinterher. Ihr Rückenschwimmprogramm zeigten wir in höherem Tempo, und auch da hielt ich mich, strikt und ohne Probleme, an die vorgegebene Geschwindigkeit meiner lieben Adoptierten. Abschließend bot ich noch meinen Tauchkurs an, und dann hopste ich auf ihre Schulter und ließ mich, wie eine Prinzessin in einer venezianischen Gondel, ans Ufer bringen.
Das Publikum, das sich rund um den Badeteich, bewaffnet mit Fotoapparaten und Filmkameras versammelt hatte, tobte

vor Vergnügen und empfing uns mit frenetischem Applaus. Welch ein triumphaler Empfang!
Es heißt, dass Prominenz eine Erscheinung ist, die nicht durch Auslese, sondern durch Beifall zustande kommt. War ich nun eine Prominenz? Mami verbeugte sich artig und hatte in dem Augenblick ganz vergessen, dass ich auf ihren Schultern saß. So etwas Ungeschicktes! Bildete sie sich etwa ein, dass die Ovationen ihr gegolten hatte? Ich war doch der Star!
Das wirkte natürlich wenig glamourös, als ich bei ihrer albernen Verbeugung verzweifelt versuchte, auf ihren Rücken zu gelangen und dort die Balance zu halten, um nicht herunterzufallen. Riesengelächter war die Folge. Nun ja, auch das muss man als Star in Kauf nehmen. Ich steckte es locker weg.
Was dann folgte, erstaunte nicht nur mich. Die Kinder hatten sich, obwohl die Sonne schon sank und es kühl zu werden begann, in Windeseile der Kleider entledigt und wollten nun unbedingt auch mit mir ein Bad nehmen. Alle Bedenken und Einwände ihrer besorgten Eltern waren umsonst, und im Nu waren sie mit mir und meiner mir Anvertrauten im Teich. Das gab ein Plantschen, Spritzen und Quietschen – ein großes Theater um meine Person, ganz nach meinem Geschmack.
Nachdem die größeren Kinder aufpassten, dass mich die Kleineren nicht zu kräftig anfassten, konnte sich Mami endlich dem Geburtstagskind, dem ich ein bisschen die Show gestohlen hatte, widmen. Meine Familie überreichte das Geburtstagsgeschenk und brachte ein Ständchen. Da aber das Singen nicht ganz meins ist, verblieb ich lieber in meinem Element und vergnügte mich mit den lustigen Jungmenschen, während sich die Erwachsenen an dem opulenten Festbuffet delektierten, das im Freien, auf der Terrasse unter einem riesigen Nussbaum, aufgebaut war.
Irgendwann hatten auch die Kinder genug vom Schwimmen. Meine mir Anvertraute hüpfte und alberte noch eine Weile

mit dem Jungvolk herum, bis mein großer Bruder die Szenerie betrat, sie abschätzig von der Seite musterte und mit einem kritischen Unterton anmerkte: „Du heilige Pimpernelle – du gebärdest dich wie eine verrückte Sumpfgurgelschnepfe, ist ja direkt peinlich."
Dabei imitierte er Stimme und Mimik der Filmfiguren „Abahachi" und „Winnetouch" aus seinem Lieblingsfilm „Der Schuh des Manitu" so treffend, dass sie nur mehr mit einem laut gackernden Lachen antworten konnte. Nun hatte er die beiden jungen Schönheiten, mit denen er sich so gern unterhalten hätte, sich aber nicht traute, auf seiner Seite.
Die Kleinen waren vom Herumtollen so müde, dass sie bald eingeschlafen waren. Zur vorgerückten Stunde beschlagnahmte der noch größere Bruder meines großen Bruders das Klavier, um die Tasten zu malträtieren und einige Boogies vom Stapel zu lassen. Mami tanzte in aufgekratzter Stimmung mit den größeren Kindern ausgelassen dazu, und ich musste natürlich auch mit. Von tanzenden weißen Pferden, tanzenden Hunden im Zirkus oder bedauernswerten Tanzbären hatte man ja schon gehört, aber eine tanzende Wildente – das war neu.
Auf dem Arm meiner lieben Adoptierten funktionierte das ausgezeichnet, und wir hatten alle Spaß dabei. Tanzen macht hungrig. Ich verdrückte eine große Portion Nudeln und schlief dann zufrieden unter dem Buffettisch ein. Das war wirklich ein Fest, ganz so, als ob MEIN Geburtstag gefeiert worden wäre.

Tiertransport

Am nächsten Morgen verabschiedeten wir uns von Mamis Mutter. Sie hatte für mich fürsorglich Nudeln gekocht, Haferflocken und frischen Salat gekauft und auch das gleiche Futterverpflegungsprogramm, nur diesmal auf Fleischbasis, für Niki zusammengestellt; ein Sack voll Dosen, in verschie-

denen Größen und Sorten. Zusätzlich hatte sie noch zwei große Taschen voll Futter für meine anderen Familienmitglieder bereitgestellt. Oma war offenbar der Überzeugung, dass man in der Steinwüste Wiens nur schwer an Lebensmittel herankommen konnte und schickte daher immer Carepakete von beeindruckender Dimension aus der Steiermark mit.
Mami schlug die Hände über dem Kopf zusammen und war der festen Überzeugung, dass wir dafür nie und nimmer Platz in unserem Auto hätten. Ihrer resoluten, tatkräftigen Mama aber gelang es doch, die Sachen irgendwie in den Innenraum der Blechkiste zu stopfen.
Der schwarze Kastro wurde in einen Katzenkorb gesetzt und durfte zwischen meinem großen Bruder und seinem noch größeren Bruder Platz nehmen. Ich wurde in „DiDi-Rama" verstaut und fand mich wieder zu Mamis Füßen ein. Ein fröhliches Abschiedswinken, und schon waren wir wieder „on tour".
„Diesmal haben wir wenigstens keinen Urlauber-Schichtwechsel-Stau", meinte der große Weißschopf, „aber dafür den Schwerverkehr", fügte er hinzu, und war im Begriff, wieder einen dieser großen, chromblitzenden Brummer, während einer leichten Steigung der Fahrbahn, zu überholen.
„Na komm schon, du lahme Ente", grummelte er vor sich hin, während er das Gaspedal voll durchtrat. Ein Kichern aus dem Hintergrund und der Hinweis, dass man sich ab jetzt doch eines anderen Vokabulars bedienen sollte, war die Folge. Langsam zogen wir an dem schwer beladenen Laster vorbei. Ich schielte hinauf, und fragte mich, wie viele Taschen voll Futter wohl in solch einem Riesending Platz hatten. Plötzlich fühlte ich mich irgendwie seltsam beobachtet. Unzählige Augenpaare schauten von oben auf mich herunter. Es waren müde und traurige Augen.
„Mein Gott, schon wieder ein Tiertransporter. Entsetzlich! Die armen Wesen tun mir so leid! Was wir Menschen unseren Mitgeschöpfen antun. Meistens gezüchtet und aufgewachsen

in so genannten Tierfabriken und – bevor es ans Sterben geht – oftmals durch halb Europa oder noch weiter gekarrt, auf engstem Raum, kein Platz, um sich hinzulegen, stundenlanges, tagelanges Stehen bei brütender Hitze, klirrender Kälte, manchmal ohne Futter und Wasser. Angst und Stress pur. Am Zielort kommen sie zum Teil halbtot an, werden zur Schlachtbank getrieben, geprügelt, durch Elektroschocks gequält, damit wir fleischkonsumwütigen Fresser unser billiges Schnitzel auf dem Teller haben und gedankenlos die Wurst- oder Schinkensemmel oder den fetten Burger in uns hineinstopfen können. Da krieg ich doch wirklich den unheiligen Zorn! Wann werden wir denn endlich klüger und erkennen, dass auch in dem Fall – und besonders in diesem – weniger mehr ist? Weniger Fleischmahlzeiten bedeuten weniger qualvolle Tiertransporte und mehr Lebensqualität für Mensch und Tier. Wenn schon Fleisch, dann selten und von möglichst stressfrei geschlachteten Tieren, die noch richtiges Gras, saftige Weiden und weiche Erde unter den Hufen und Klauen gespürt haben. Es gibt ja längst Hofschlachtungen. Aber da käme das ach so geliebte Proteinfutter für uns um einiges teurer. Damit das nicht der Fall ist, müssen eben die armen Kreaturen leiden, und die Transporte rollen und rollen – es ist zum Heulen!"
Mami hatte sich richtig in Rage geredet. Das war offensichtlich ihr Thema. Der große schlanke Weißschopf versuchte sich wieder auf der intellektuellen Schiene. Er führte gesundheitliche Gründe an, zog wirtschaftliche Aspekte in Erwägung, brillierte mit Statistiken – aber jedes noch so treffend formulierte Gegenargument scheiterte kläglich, und die beiden Brüder auf dem Rücksitz blieben auch stumm. Eigentlich teilte die ganze Familie ihre Meinung.
Sie beugte sich vor, um nach mir zu sehen, und dabei fiel ein Tropfen Wasser auf mich. Durstig schnäbelte ich ihn von meinem Federflaum – brrr, ich schüttelte mich ein wenig, er schmeckte salzig.

„Wenn man es genau nimmt“, meldete sich mein großer Bruder von hinten zu Wort und streichelte dabei Nikis herausgestrecktes Pfötchen, „sind wir auch ein Tiertransporter.“
Da lachten alle wieder.

Mein neues Zuhause

Es dauerte nicht allzu lange und wir erreichten die Großstadt. „Wien ist anders“, stand auf einer riesigen Tafel zu lesen. Aha, dachte ich, mal sehen, was sie damit meinen.
Ich reckte meinen kurzen Hals und äugte gespannt nach oben. Tja, irgendwie war die Landschaft nun wirklich anders. Häuser über Häuser – ein richtiges Häusermeer. Wo waren die Wasserflächen, die Seen, die ich so liebte? Abwarten, vielleicht kommt das noch, und meine Familie hat einen feinen Badeteich für mich. Es könnte natürlich auch leicht sein, dass mein neues Zuhause direkt am schönen Donaustrom liegt, überlegte ich.
Dann steuerte der Weißschopf einen kleinen Berg hinauf. Leichte Unruhe und erwartungsvolle Anspannung machten sich im Wagen bemerkbar. „DiDi, gleich sind wir zu Hause“, rief mir mein großer Bruder munter zu und kramte schon seinen Rucksack unter dem Sitz hervor.
„Darf ich DiDi hineintragen und aus der Schachtel lassen?“ Schon hatte er Mami den „Rama“-Karton abgenommen (in der Regel war er nicht sonderlich erpicht darauf, anderen irgendwelche Lasten freiwillig abzunehmen) und eilte mit mir vom Parkplatz zum Haus.
Er stellte mir mein neues Domizil vor. Nicht übel, der Fliesenboden war zwar etwas hart, aber griffig, der Parkettboden angenehm, aber etwas rutschig, die Teppiche waren dafür kuschelig und anheimelnd. Auch die Gerüche waren so anders. Alles war so aufregend neu für mich.

„Nein! DiDi, schau, was du gemacht hast! Runter vom Teppich!“ (Das sollte ab nun ein Standardausspruch werden.) In meiner Aufregung hatte ich mich wieder einmal vergessen. Der große Weißschopf nannte es „abperlen“, weil mein Endprodukt hin und wieder in Größe und Form an eine Perle erinnerte.
War das Malheur wieder einmal passiert, schimpfte mich Mami „Kackeranti“ oder in direkter Anrede „Du-Kacker-du!“, was ich einigermaßen befremdlich fand, denn mit so einem gelbbehaubten Lautkrächzer hatte ich nun wirklich nicht die geringste Ähnlichkeit.
Meinem großen Bruder rutschte oftmals der etwas direktere Ausdruck heraus, der mit einem „Sch...“ beginnt und mit einem strengen, stirngerunzelten Blick, plus Abmahnung seitens Mami, geahndet wurde.
Der noch größere Bruder meines großen Bruders verhielt sich in diesem Fall immer gleich: „Geeeeeeh, DiDi!“ (Er dehnte den Selbstlaut in einem wienerisch-raunzenden Ton und sah mich dabei anklagend an.) Gleich darauf folgte ein: „Geeeeh, Mamiiii, DiDi hat da was angestellt ...“ Die kam auch pflichtbewusst herbeigeeilt, und die Küchenrolle kam zum Einsatz, um die Misere zu beseitigen.
Mein Bruder zeigte mir die weiteren Räumlichkeiten und diente mir dabei als Lift für die vielen, unüberwindlichen Stufen im Haus. Dann ging's endlich in den Garten. Darauf war ich am meisten gespannt. Ich wuselte durchs Gras, piekste mal hier eine Mücke vom Blatt, zupfte mal da an einem Hälmchen und suchte nach Wasser. Aber mehr als ein kümmerliches Gießwasserrestchen in einer Blumenuntertasse war nicht zu finden, so intensiv ich auch Ausschau hielt.
Wir wohnten zwar in einer piekfeinen Gegend, auf einem kleinen Berg, mit Blick über die Stadt, aber ich wollte viel lieber einen Blick auf einen schönen See. Nun konnte ich auch wieder nicht verlangen, dass meine Familie wegen mir in die Donauauen zog, aber ...

„DiDilein, komm schwimmen“, hörte ich die vertraute Stimme meiner lieben Adoptierten.
Was, wie? Wo sollte denn plötzlich ein Badeteich hergekommen sein? Mein großer Bruder liftete mich die Stufen zur Terrasse empor, und – da war mein See! Er war zwar nur klein, mehr so ein Swimmingpool, aber man durfte nicht zu wählerisch sein oder die Familie mit zu großen Ansprüchen in einen Gewissenskonflikt stürzen. Für meine bescheidene Größe reichte die blaue Wanne vollkommen aus.
Ich stürzte mich fiepend in die Fluten, tauchte, spritzte, flatterte mit meinen Stummelflügelchen und schwamm wie eine aufgezogene Spielzeugente, närrisch vor Freude, im Kreis herum. Alle waren glücklich, dass ich glücklich war. Sogar der große Schlanke hatte sich zu mir auf die Terrasse gesellt, zog genüsslich an seiner Pfeife und grinste zufrieden vor sich hin.
Nur Niki hatte sich verzogen, um nach der langen Abwesenheit in seinem vertrauten Revier – einer aufgelassenen Gärtnerei in der Nachbarschaft – nach den Mäusen zu sehen.

Bei Oma und Opa

Anfang August, ich war nun etwa 14 Tage alt und hatte in dieser Zeit schon jede Menge erlebt und gesehen von der schönen Welt, stand meine nächste Reise auf dem Programm. Meine Familie wollte die Großeltern besuchen, und ich musste natürlich mit.
Nach etwa einstündiger Fahrt erreichten wir das kleine Städtchen, in dem die Oma und der Opa meines großen Bruders und seines noch größeren Bruders lebten. Sie waren, wie nicht anders zu erwarten, begeistert von mir.
Opa lachte laut und dröhnend und meinte: „DiDi, da hast du dir wirklich die richtige Familie ausgesucht.“

Oma flötete verzückt: „Mein Gott, ist die aber süß", und nahm mich vorsichtig in die Hand.
Dabei nannten sie mich abwechselnd „sie" oder „er", aber mir war's egal. Sie hatten einen netten Garten, und eine flache Blumenschale war mein Schwimmteich. Mami sorgte für mein leibliches Wohl, und ich hörte zufrieden der Erzählung der Großmutter zu, die eine Begebenheit aus ihrer Kindheit zum Besten gab. Ihre Eltern hatten Hausenten auf dem Hof gehalten. Im Frühling gab's immer viel Entennachwuchs. Diesen Entchen ging's nicht so gut wie mir, denn sie hatten nur einen sehr beschränkten Auslauf und kaum Grünes um sich.
Eines Tages warf jemand unbedacht Maiglöckchenblätter auf den Misthaufen, der im Bereich des Entenhofes lag. Gierig stürzten sich die halbwüchsigen Küken auf das begehrte Grün. Es war ihre letzte Mahlzeit. Im Herbst jenes Jahres gab's keinen Entenbraten. Diese armen, dummen Dinger hatten doch tatsächlich dieses Giftzeugs gefressen. Durch das menschliche Zutun war ihnen offensichtlich ihr Naturinstinkt bereits komplett abhanden gekommen.
Da hatte ich ihnen einiges voraus. So verlockend konnten die Efeublätter ihr frisches Grün gar nicht anbieten, dass ich davon hätte auch nur ein kleines bisschen gekostet hätte. Ich würdigte die in üppigen Büscheln wuchernden Maiglöckchenblätter in unserem Garten keines Blickes. Auch Oleanderblätter und Thujenzweiglein verwendete ich höchstens zum Spielen in meiner Badewanne und hütete mich davor, sie zu probieren.
Mami war immer entsetzt, wenn sie diese Blätter im Wasser schwimmen sah. Aber sie brauchte sich keine Sorgen zu machen, denn ICH besaß noch meinen ausgeprägten Wildtierinstinkt. Bald schon hatte auch sie das begriffen. Dafür aber waren Vogelmiere und Gänseblümchen bald aus dem Wildblumensortiment unserer Grün-Oase verschwunden.

Meine jungen Fans waren enthusiasmiert

Bei Oma und Opa

Vorführung unseres gemeinsamen Schwimmprogramms

DIDI
Rama
Original

Unwetter: Vermurungen, Stromausfälle
Blitzschlag legte das ganze Liesertal lahm
„Echte" Familie von „Daisy" wird gesucht
Entchen „adoptiert" Wiener Urlauberin am Wörther See
Sport-Plattform
Hilfe für Bauern

Mit Niki beim Frühstück

Heimwerker

Meine Familie besorgte in einem Baumarkt allerlei Materialien, und mein großer Bruder machte sich mit Feuereifer daran, für mich ein Freiluftgehege zu zimmern. Er nahm Maß, sägte und hämmerte, und hin und wieder fluchte er auch.
Bald war der Laufstall fertig und als Erster testete ihn gleich der Baumeister selbst. Er passte vortrefflich hinein. Eigentlich hätte er ihn gleich für sich behalten können, denn ich war davon überhaupt nicht begeistert. Kaum hatte man mir im Garten das Ding übergestülpt, lief ich, wie ein Tiger im Käfig, am Gitter entlang, hin und her, hin und her, verzweifelt einen Ausgang suchend, bis man sich meiner erbarmte und die Voliere wieder entfernte.
Dieses Experiment war misslungen. Ich in einem Vogelkäfig – wofür hielt man mich denn ...?

Nicht nur der Mensch ist ein Gewohnheitstier

Mein Alltag in Wien verlief nun nach einem immer gleich bleibenden, speziellen Ritual: Am Morgen durfte ich aus meiner seeblauen, weich gepolsterten Kunststoff-Klappbox-Voliere und wurde zur Morgentoilette ins Waschbecken im Badezimmer gesetzt.

Danach bekam ich mein Frühstück in der Küche serviert. Mein Tablett stand gleich neben Nikis Essplatz, und wenn es mir genehm war, erlaubte ich dem aristokratischen Kastro, mit mir zu dinieren. Er hielt stets einen gebührlichen Respektabstand, denn ich hatte ihm von Anfang an unmissverständlich klargemacht, wer die Chefin in der Küche war. Es kam nur mehr äußerst selten vor, dass ich ihn mit einem Pieksen in seine pelzige Kehrseite, dem Zupfen an seinem Schwanz oder einem zarten Seitenhieb in sein Gesicht daran erinnern musste. Haferflocken, Nudeln oder Reis und auf appetitliche Häppchen zerkleinerter, grüner Salat begeisterten mich täglich aufs Neue und entlockten mir enthusiastische Fieptöne. Gierig verschlang ich, was mir vorgesetzt wurde, wobei ich die Teigwaren und Getreideflocken regelmäßig in die nebenstehende Wasserschale tauchte und den dadurch entstehenden wässrigen Brei mit lauten, genussvollen Geräuschen durch meinen Schnabel filterte. Meistens mischte ich mir auch noch den Salat dazu, was meiner Spezialsuppe zusätzlich zu einer interessanten Grünfärbung verhalf.

Diese intragutturalen Wasserbrei-Sauggeräusche, meine emsige, laute Schlürftätigkeit und die unablässigen „Quuii-quuii-quuii"-Lobeshymnen, die mit einem „gut-gut-guuut" zu übersetzen waren, lösten jedes Mal belustigtes Kichern bei den anderen Hausinsassen aus.

Manchmal ahmte mich der Weißbeschopfte so vortrefflich nach, dass das Kichern in lautes Gelächter überging. So hatten wir jeden Morgen gute Stimmung im Haus. Anschlie-

ßend liftete mich Mami die Terrassenstufen hinunter und drehte mit mir eine ausgedehnte Gartenrunde. Dabei wurde jeder Kieselstein oder Felsen im Garten gewendet, um die darunter verborgenen Gaumenfreuden, wie kleine Schnecken, Regenwürmer, Asseln, Käfer und Spinnen, aufzuspüren. Die Prozedur dauerte oftmals sehr lange, denn ich lebte bei einer „Stein"-reichen Familie und war ein richtiger Nimmersatt.
Meine mir Anvertraute meinte, sie habe gar nicht gewusst, wie groß ein Zweihundert-Quadratmeter-Garten sein kann, wenn man auf allen Vieren von Stein zu Stein kriecht. Im weitesten Sinne verhalf ich ihr dadurch täglich zu einem gewissen „Parkgefühl". Besonders erfreut war ich über den großen Kunstrasenteppich, der unter der Tischtennisplatte ausgerollt war, denn darunter hielten sich die schönsten Regenwürmer auf.
Sobald meine liebe Adoptierte ein Ende des Teppichs hochschlug, war ich blitzschnell zur Stelle, um möglichst viele von ihnen zu bekommen. Ich lag förmlich auf der Lauer und lief, auf dem platt gedrückten Erdreich, von einem Wurm zum anderen. Für das Überangebot, das manchmal herrschte, hatte ich mir eine besondere Auswurftechnik zugelegt, um nur jeden einzelnen Leckerbissen zu erwischen. Da ich die oft bis zu zwanzig Zentimeter langen Minischlangen nicht schnell genug hinunterwürgen konnte und mir einige dadurch wieder in ihre Löcher zu entkommen drohten, lief ich von einem zum anderen, zog sie mit einem Ruck aus dem Boden und schleuderte sie schwungvoll hinaus aufs Gras. Hernach konnte ich sie in aller Seelenruhe einsammeln, schön einen nach dem anderen. Einfälle muss man haben!
Nach der Regenwurmtour ging's wieder zurück ins Haus, und ich machte ein Nickerchen in meiner blauen Box im Wohnzimmer. Mami fand dann Zeit, sich den unwichtigeren Dingen, wie einkaufen, Wohnung aufräumen und reinigen, kochen, waschen, bügeln und anderem Haushaltskram, der unter

dem Sammelbegriff „Room-Service" oder einfach „Home-Management" zusammengefasst werden kann, zu widmen.
Zufrieden und entspannt war ich aber nur, wenn ich ihre Stimme oder zumindest irgendetwas aus dem Radio hörte. Letztendlich war aber dieses Elektronikgebrabbel doch kein würdiger Ersatz, und jedes Mal, wenn meine mir Anvertraute für ein Weilchen den Wohnraum verließ, gab's meinerseits ein lautes „Dididi-Pipipipi"-Gezeter. So gewöhnte sie sich an, laut zu singen. Sie sang im Keller beim Wäscheaufhängen, sie sang im Obergeschoss beim Bettenmachen, sie sang in der Vorratskammer, im Badezimmer und sogar auf dem WC. Ich war beruhigt, und sie kam zu ihrem Stimmtraining. Hatte sie einige Punkte ihres täglichen Programms erfüllt, durfte ich mich wieder im Wohnzimmer, in der Küche oder im Vorraum frei bewegen, dicht von ihr und der Küchenrolle verfolgt.
Verwundert blieb sie vor der kleinen Porzellanente auf dem Bücherregal stehen und betrachtete nachdenklich die beiden Artefakte aus Holz, die meine exotischen Verwandten darstellten. Ihr Blick glitt über die geflochtenen Brotkörbchen in Entenform, verharrte auf dem großen Stein im Palmentopf, auf dem eine schmucke, blaue Ente saß, streifte das kleine Kunstwerk aus Ton, ein Entchen, das schon seit ewigen Zeiten an der Wand hing, und blieb staunend an den Topflappen und Geschirrtüchern hängen, auf die Vertreter meiner Art gestickt waren. Auch das seidene Tuch mit allerlei Wasservögeln und natürlich Enten fiel ihr ein. Nicht zu vergessen ein wunderbarer Ledergürtel, auf dem in der Mitte, flankiert von zwei Edelweißblumen, eine Ente prangte ...
Warum, um alles in der Welt, hatten sich ausgerechnet so viele Enten angesammelt? War das ein Zeichen, ein Omen? Vorherbestimmung? Nun hatte sie mich.
Am Nachmittag alberte mein großer Bruder gerne mit mir herum, und ich durfte mich in seine schönen langen Haare kuscheln. Zwischendurch futterte ich tüchtig und planschte

in meinem blauen Privatswimmingpool. Zur späteren Stunde drehte ich noch einmal eine abschließende Gartenrunde, mit Mami als Bodyguard.
So lernte meine Adoptierte allmählich, in meinem Tagesrhythmus zu leben, und ich fand, dass es ihr guttat. Zeitweise hatte sie zwar keine ruhige Minute mit mir, aber der Mensch ist ja nicht zum Stillstand, Herumsitzen oder andauerndem Ausruhen geboren …

Ein etwas anderer See

An einem Sonntag im August beschloss meine Familie, mir das „Meer der Wiener", den Neusiedler See, zu zeigen. Alle waren gespannt, wie ich wohl darauf reagieren würde, und es wurde am Frühstückstisch noch immer vom „Auswilderungsversuch" gemunkelt.
Frohgemut wurden die Badeutensilien eingepackt, und die Aussicht auf ein delikates Mittagsmahl, in einem bekannten Feinschmeckerrestaurant, hob die Stimmung noch zusätzlich. Die Sommersonne brannte bereits am frühen Vormittag unbarmherzig auf unsere blaue Metallkiste. Ein heißer Tag kündigte sich an, und die Fahrt dauerte zum Glück nicht zu lange. Als wir uns dem Badeort näherten, den Mami noch aus ihrer Kindheit gut kannte, war meine Familie viel aufgeregter als ich …
Meine liebe Adoptierte hob mich in ihre afrikanische Korbtasche und wollte mit mir, wie von früher gewohnt, schnurstracks zum Wasser. Aber das war Vergangenheit! Nun verlief – so weit das Auge reichte – ein hoher Zaun parallel zum See und trennte uns vom ersehnten Nass. Ich hatte Durst, zirpte laut und vernehmlich in meinem Körbchen und gab mir redliche Mühe, daraus zu entkommen. Noch dazu hatte sich plötzlich die Sonne hinter großen, dunkelgrauen Wolken versteckt.

Missmutig stapfte Mami mit mir zurück zum Auto, um einen Schirm zu holen. Der unmittelbar einsetzende Regen, veranlasste den Rest der Familie, gleich das Restaurant aufzusuchen. Meine liebe Adoptierte war allerdings nicht davon abzubringen, mit mir noch vor dem Essen schwimmen zu gehen, denn ein voller Bauch schwimmt nicht gut, wie sie meinte.

Sie spannte ihren Parapluie auf, und wir beide zogen los, um beim zweiten Versuch vielleicht einen Zugang zum See zu finden. Endlich entdeckten wir den Haupteingang und einzigen unvergitterten Bereich. Inzwischen war der Regen stärker geworden und eine frische Brise wehte vom See her. Die Kassa hatte geschlossen, sonst hätten wir möglicherweise auch noch Eintritt bezahlen müssen für die Besichtigung der trüben Brühe, die sich uns darbot.

Mami hatte mich erwartungsvoll am Ufer abgesetzt und dachte, ich würde mich voll Freude, kopfüber, in die Fluten stürzen. Weit gefehlt! Nichts da! Wie hatte sie sich das denn vorgestellt? Was sollte das? Dies hier war nicht mein wunderbar klarer Wörthersee – das hier war schlichtweg eine Zumutung! Grau-braune Wellen mit Gischtkronen rollten an das Schotterufer, und grüne Algen schlierten zwischen den Steinen. Nein, also pfui! Sie animierte mich unermüdlich, ins Wasser zu gehen, aber ich weigerte mich standhaft. Tapfer trank ich einige Schlückchen, und das war's auch schon. Mehr war nicht drin!

Ratlos kauerte meine liebe Adoptierte unter ihrem Regenschirm, und ich hockte unter ihren Beinen, und beobachtete argwöhnisch das Spiel der schlammigen Wellen.

„DiDilein, magst du nicht wenigstens ein Mal schwimmen gehen? Jetzt haben wir dich extra mitgenommen, damit du zu deinem Vergnügen kommst."

Irgendwie tat sie mir, in ihrer leichten Verzweiflung, beinahe leid, und so stocherte ich lustlos zwischen den Steinchen

herum, immer darauf bedacht, dem Wasser nicht zu nahe zu kommen.
In einiger Entfernung spielten Kinder. Als sie mich gewahrten, kamen sie freudig herbeigeeilt. Sie fragten Mami, ob sie mich berühren und streicheln dürften, und obwohl ich ja eigentlich kein Streicheltier bin, war ich froh über die willkommene Abwechslung. Die aufgeweckte Kinderschar löcherte meine mir Anvertraute mit Fragen über mich, und sie versuchte den Wissensdurst der Jungforscher so gut es ging zu stillen.
Der eigenartige, lustige Akzent und die dunklen Kulleraugen verrieten die Abstammung meiner Spielgefährten, die sich rührend um meine Aufmerksamkeit bemühten. Lachend und quietschend ließen sie meine Beschnäbelung ihrer ausgestreckten Finger über sich ergehen, bis sie ihr dickbäuchiger Vater, dessen freundliches Gesicht ein mächtiger, dunkelbrauner Schnauzbart zierte, zu sich rief. Schade, das war lustig gewesen und viel besser als der schmutzig-graue See.
Ich versuchte, meinen Spielgefährten nachzulaufen, aber Mami rief mich zu sich. Gehorsam drehte ich um und wuselte auf ihre ausgebreiteten Arme zu, als plötzlich die Tür zum Kassenraum aufflog, die Kassiererin herausstürzte und sich breit vor Mami aufpflanzte, die Hände in die Hüften gestemmt: „Hean's, geb'n s' sofuat die Ant'n z'ruck! Des geht net, dass sie des Viecherl do wegganehman!"
Zurückgeben? Mich? An wen wohl? Weit und breit waren keine Wildenten zu sehen ... Mami sah mich hilfesuchend an, aber aus dieser Misere musste sie sich selber befreien – ich wusste, dass sie das konnte.
Und da prasselte auch schon die Geschichte ihrer Adoption durch mich über die verblüffte Frau herein, die immer wieder ungläubig den Kopf schüttelte und stotterte: „Des gibt's jo net! Na, so was, na, so was hob i no net g'hört. Also, dass es so was gibt!" Am Ende meinte sie verlegen und zerknirscht:

„Sie miass'n scho entschuldig'n, des is natürle ganz wos aunder's. I hoff', sie san ma net bös, oba ma muass hoit auf die klanan Viecherln do aufpass'n. Man woaß jo nie, was manchen Leit'n so einfoit ..."
Meine mir Anvertraute nahm die Entschuldigung lachend an und lobte das entschlossene Auftreten der guten Frau. Dann eilte sie der Familie nach, ins „Gasthaus zur Dankbarkeit".
Ich war, versorgt mit Wasser, Nudeln, Salat und Haferflocken, auch dankbar, wieder in meiner vertrauten Umgebung der Voliere, in unserer blauen Blechkiste zu sein.

Haus der Musik oder „Musikantenstadel"?

Ich war nicht nur in einem „Stein"-reichen, sondern auch in einem höchst musikalischen Haus gelandet. Die verschiedensten „Musiküsse" gingen bei uns ein und aus, und es kam manches Mal zu einem Gewurl und Gedränge wie in einem großen Geflügelstadel.
So manch schräger Vogel war dabei. Daher verstand ich mich automatisch mit allen. Sie hatten mit mir, und ich mit ihnen, eine Menge Spaß. Leider durfte ich nie mit ins Studio. Dabei interessierte mich gerade dieser Raum brennend, denn die vielen herumliegenden, verschlungenen Kabel ähnelten frappierend überdimensionalen Regenwürmern. Wegen eines dummen, schwer zu reinigenden Sisalteppichs wurde mir der Zutritt verweigert.
Ich lauerte also vor der Tür geduldig auf den Moment, wo wieder einmal jemand rausmusste und vergaß, die Türe zu schließen ... Die Gunst des Augenblicks und die einmalige Gelegenheit nutzend, versuchte ich mich in das musikalische Geschehen einzubringen. Das schrille Jaulen der E-Gitarre störte mich ebenso wenig wie das dumpfe Wummern des Basses. Auch der Höllenlärm, den mein großer Bruder auf seinen

Schlaginstrumenten erzeugte, beeindruckte mich wenig. Mich interessierten hauptsächlich die schwarzen Würmer, die überall so einladend herumlagen.
Ich watschelte ungerührt über die elektronischen Effektgeräte, bis mich der noch größere Bruder meines Bruders entdeckte und das jaulende Getöse abrupt verstummte.
„Um Gottes willen! Maaaamiiiii – DiDi geht über stromführende Geräte", wurde aus dem Tonstudio gebrüllt, und flugs wurde ich sanft, aber bestimmt aus dem Musikgeschehen ausgeklammert und des Ortes verwiesen.
Wieder einmal stand ein großes Fest in Aussicht. Eine von Mamis Freundinnen hatte Geburtstag, und es wurde ein Lied für sie komponiert, das als Gemeinschaftsständchen der großen Gästeschar gedacht war. Zu meiner großen Freude versammelten sich die Sänger und Sängerinnen zur Probe im Wohnzimmer.
Ich, mittendrin, bemühte mich redlich, die zahlreichen Zehen zu untersuchen. Ein gründlicher Sockenkontrolltest meinerseits war einfach unumgänglich. Dies wiederum beeinträchtigte zwar manche Gesangeskunst erheblich, aber ich hatte meinen Spaß dabei, und erst recht die Sängerrunde! Die durch mich ausgelösten, unkalkulierten Kiekser und Quietscher der von mir Beschnäbelten sowie der dargebotene Wein lockerten die Atmosphäre ungemein auf, und im Nu war der Geburtstagssong „im Kasten".
Dank meiner Hilfe wurde es ein absolut gelungener Abend, und alle waren vom Lied und von mir begeistert. Das Geburtstagskind war, einige Tage später, von diesem musikalischen Präsent zu Tränen gerührt, nicht wissend, wem es das gute Gelingen des lustigen, stimmungsvollen Werkes eigentlich zu verdanken hatte.

Gartenbesuche bei den Nachbarn

Der Sommer, der sich im letzten Abschnitt ziemlich verregnet gab, glitt allmählich in einen wunderschönen Spätsommer über, und ich war von meinem Babyflaumkostüm in ein wunderbares Federkleid geglitten.
Es hatte alle nur erdenklichen, warmen Braunschattierungen: vom dunkelsten Schokoladenbraun, bis hin zum hellsten Milchkaffeeton. Die oberen, dunkelbraunen Deckfedern zierte ein zarter, heller, cremefarbiger Rand, der in der Sonne beinahe golden glänzte.
Jedoch die allerschönsten Federn trug ich auf meinen Flügeln: violett-blau-métallisé, mit weißem Rand und schwarzen Punkten zur Flügelspitze hin. Je nach Sonnenlichteinfall leuchteten die königsblau gebänderten Schwungfedern auch in Smaragdgrün oder in schillerndem Rosé, wobei die Enden wiederum in dezentem Anthrazit gehalten waren. Die Unterseite meiner Schwingen aber war von einem reinen, engelhaft strahlenden Weiß.
Ich war eine prachtvolle Erscheinung, und nun war es offenkundig für jedermann: Ich hatte mich zum hübschesten Entenfräulein weit und breit gewandelt. Inzwischen hatten alle Nachbarn unserer kleinen Siedlung Wind von mir bekommen, denn ich ließ keine Gelegenheit aus, mein lautes „Quäquä-qua-qua-qua“, das ich gegen das zarte „Didilidi-pipilipip“ eingetauscht hatte, ertönen zu lassen.
Da Ente gleich mit „Schneckenvernichtungsmaschine“ assoziiert wurde, hagelte es Einladungen für mich. Mami hob mich in ihre afrikanische Korbtasche, nahm ein Fläschchen Wasser und ein kleines Trinkgefäß mit, und so wanderten wir jeden Tag in einen anderen Garten.
Erste Station war der Garten der netten Nachbarin von vis-à-vis. Sie zeigte sich hochinteressiert an meiner Tätigkeit des emsigen Asseln- und Schneckenstöberns, und mir stachen

besonders ihre wunderschön rotbemalten Fußenden ins Auge. Das Gemüsebeet war von Ziegeln eingerahmt, unter denen sich allerlei Leckereien für mich verborgen hielten. Die winzig kleinen, jungen Nacktschnecken mundeten zwar köstlich, aber die rubinroten Zehennägel waren noch verlockender. Ich konnte nicht anders, ich musste einen davon probieren ..., worauf die nette Nachbarin lachend und quietschend die Flucht ergriff und fortan von der Terrasse, aus sicherer Entfernung, mein Tun beobachtete.
Der Garten eines anderen Nachbarn präsentierte sich als piekfeine Grün-Oase im englischen Stil. Da gab es unzählige, üppig blühende Rosen und Sträucher in allen möglichen Farben und Formen. Backstein-Ziegelwege, Brunnen, eine große Sonnenterrasse, kunstvoll bepflanze Blumentöpfe und einen Rasen, wie ich ihn noch nie zuvor gesehen hatte.
Ich betrat ihn beinahe ehrfurchtsvoll. Das auf Millimeter geschnittene, perfekte Gras glich einem wunderbaren, dicht gewebten Orientteppich in sattem Smaragdton. So sehr ich auch herumstocherte und suchte – ich fand keine einzige Schnecke. Ratlos und etwas verwirrt stand ich eine Weile inmitten des manikürten Grüns, der herrlichen botanischen Beinahe-Sensation, und wunderte mich, wo denn all das leckere Getier verblieben war. Unschlüssig sah ich von der Meinigen zum Anderen. Welche Erwartungen sollte ich denn hier erfüllen? Dann entdeckte ich ein großes Ding aus Metall mit einem Sprühaufsatz, das etwas verborgen, fast verschämt, an der Steinmauer mit den herrlichen Kletterpflanzen lehnte. Die kleinen Kügelchen, im Gras und unter den Sträuchern, waren mir inzwischen auch aufgefallen ... Tja, das war wohl die Ursache, dass ich diesmal hungrig blieb. Der freundliche Nachbar lobte seine Bepflanzungen in den höchsten Tönen und erklärte und beschrieb seine botanischen Raritäten bereitwillig und unaufgefordert. Dann wurde ich noch fotografiert, und er äußerte sich entzückt darüber, inmitten seiner Stein-

skulpturen nun gar ein lebendes, animalisches Exemplar vor der Linse zu haben.
Jetzt konnten wir zwar ein „Delphinium elatum" von einem „Delphinium" der „Belladonna-Gruppe" unterscheiden, hatten den gravierenden Unterschied zwischen einer „Hemerocallis-Hybride" und einer „Lilium" der Gattung „Asiatische Hybride" kennen gelernt – aber mir knurrte der Magen. Unverrichteter Dinge zogen wir wieder ab, begleitet vom netten Nachbarn, der uns versicherte, dass ich jederzeit willkommen war, um sein Refugium von den lästigen Kriechern und Schleimern zu befreien.
Wenige Tage später entdeckte ich meinen absoluten Lieblingsgarten in unserer kleinen Siedlung. Er war terrassenartig angelegt, und unter den riesigen Natursteinblöcken klebte oder kroch meine neue Lieblingsspeise: „Schnirkelschnecken" – in jeder erdenklichen Größe und Farbschattierung. (Letzteres war mir aber vollkommen egal.) Ich liebte es, zwischen den üppig blühenden Polsterpflanzen, die in prächtigen Kaskaden über die Felsen wucherten, zu stochern, ja, förmlich hineinzutauchen und mit freudigen Fieptönen meine Funde anzuzeigen. Der Einladung, jederzeit wiederkommen zu können, folgten wir oft und gerne. In jedem Grünbereich unseres „kleinen Dorfes" waren wir herzlich willkommen, denn als alternatives „Kammerjägerteam" oder als „Schneckenräumbrigade" waren wir zwei beinahe unschlagbar.
Einzige Konkurrenz konnten höchstens meine indischen Verwandten sein, denn die liebten auch die von mir verschmähten roten, spanischen Wegnacktschnecken. Die fand ich einfach grauenvoll, aber: „De gustibus non disputandum!" – oder wie das heißt.

Fidi

Ich hatte mich nicht nur zu einer äußerst ansprechenden Erscheinung entwickelt (um nicht Schönheit zu sagen, denn bekanntlich sollte man sich ja nicht selbst loben), sondern war auch mit einer Überportion Selbstbewusstsein ausgestattet.
So hatte ich ohne Mühe die dilettantischen, direkt lächerlichen, plumpen Annäherungsversuche von Charly, dem rotweißen Kater aus der ferneren Nachbarschaft abgewehrt, ihn durch mein mutiges Entgegentreten sogar das Fürchten gelehrt und, mit einer angedeuteten Attacke, förmlich in die Flucht geschlagen. Ich war eindeutig eine Nummer zu groß für den Pelzträger.
In Mamis Begleitung war ich gerade wieder einmal in meinem Lieblingsgarten, als mich die Besitzer des angrenzenden Grundstücks gewahrten. Begeistert und spontan luden sie uns ein, die Schneckenjagd bei ihnen fortzusetzen.
Von der Sonnenterrasse ertönte ein seltsames Krächzen. So etwas hatte ich noch nie gehört. Es stammte von einem Papagei. Er saß in einem geräumigen Käfig an der Hausmauer, anscheinend zur Sommerfrische. Interessiert äugte der Grüngefiederte auf mich herunter.
Sein Besitzer liftete ihn mittels einer kleinen Stange zu mir auf den Boden und stellte ihn mir höflich vor: „Das ist Fidi, aus der Gattung der Amazonen. Eigentlich heißt er Fidel Castro, nach dem kubanischen Revolutionsführer, weil er ebenfalls aus Kuba stammt."
Kubas „Schon-Ewig"-Präsident war mir ziemlich egal, Politik war nicht mein Ding, aber Fidi interessierte mich. Er gefiel mir. Wie er mit majestätischer Gelassenheit, sorgfältig ein Füßchen vor das andere setzend, vor mir her stolzierte, dabei seine gelbgrün gefächerten Schwanzfedern wie eine Schleppe über den Boden zog, das hatte was ..., ja, das war schon imponierend.

Eigentlich hätte ich ihm mehr kubanisch-karibisches Salsa-Temperament zugedacht, aber diese coole Lässigkeit war auch beeindruckend. Ich folgte ihm langsam und war von der prächtigen Federnschleppe so fasziniert, dass ich unbedingt testen musste, ob das auch alles echt war. Man weiß ja nie, in der heutigen Zeit gibt es so viele Ersatzteile, und so mancher hat sich schon mit fremden Federn geschmückt …
Also ran an das Objekt meiner Bewunderung. Ich fasste mir ein Herz und zupfte an einer Schwanzfeder, gerade so, als ob ich den Faltenwurf an der Garderobe seiner Majestät in Ordnung bringen wollte. Man hätte es durchaus so interpretieren können ... Aber welch ein Fauxpas! Das hätte ich lieber unterlassen sollen.
Fidi wirbelte herum und kreischte mich so wütend an – da war es plötzlich, sein kubanisches Temperament –, dass ich fast auf meinen Pürzel gefallen wäre. Ich hatte meine erste Abfuhr bekommen. Tja, Reflexion führt zu wichtigen Erkenntnissen, war dereinst der Philosoph Quakistoteles schon überzeugt.

Du weißt nicht, zu welchen Höhen du dich aufschwingen kannst, solange du die Flügel nicht ausbreitest ...

Der Spätsommer neigte sich dem Herbst zu, und ich wurde immer schöner. Wenn ich allabendlich vor dem Zubettgehen einen prüfenden Blick in den großen, bis zum Boden reichenden Vorzimmerspiegel warf, blickte mir eine schmucke, junge Entendame entgegen.
Die zustimmenden, anerkennenden Kommentare meiner Mitenten – äh – Mitmenschen bestätigten mein ansprechendes Erscheinungsbild und stärkten mein Selbstwertgefühl noch mehr.

Nach dem Abendessen saß ich auf meinem flauschigen, blauen Handtuch (ich hatte mich für Blau entschieden, Rot gefiel mir nicht so gut), pflegte mein Federkleid, beobachtete nebenbei die schnell wechselnden, bunten Bilder und lauschte den interessanten Geräuschen, die aus dem großen, schwarzen Kasten vor mir kamen. Die Menschen nennen es fernsehen.
Ich liebte es, abends im Kreise meiner Familie zu sitzen. Manchmal gestand ich auch Niki das Recht zu, sich zu uns zu gesellen. Er zog es dann allerdings vor, in sicherer Entfernung von mir, auf seinem speziellen Fauteuil Platz zu nehmen. Meine Lieblingssendung war „Universum". Das ist eine wunderbare Natur- und Tierdokumentationsreihe.
Am liebsten waren mir dabei natürlich meine geflügelten Artgenossen. Da sprang ich immer fasziniert von meinem Sitztuch auf, streckte meinen Hals und wendete meinen Kopf hin und her, um genau zu verfolgen, wohin sie wohl fliegen würden. Da aber keiner der Flieger jemals den schwarzen Kasten verließ – bei den Raubvögeln war mir das ja nur zu recht –, nahm ich bald darauf stets wieder mein Stammplätzchen ein. Fliegen zu können, musste einfach großartig sein: sich in die Lüfte zu erheben, den Wind unter den Flügeln zu spüren, frei und völlig losgelöst alles unter sich lassend. Ob ich es wohl auch einmal zuwege bringen würde? Ob mich meine Flügel schon tragen konnten? Ich hatte es noch nie probiert. Immer wartete ich darauf, dass Mami eines Tages abheben und sich in Richtung Himmel schwingen würde.
Sie erhob sich zwar schon – von einem Sessel oder der bequemen Sitzgarnitur im Wohnzimmer, aus der Hängematte oder dem Liegestuhl im Garten –, aber das war's dann auch schon, mehr war nicht drin. Damals wusste ich noch nicht, dass Menschen aus eigener Kraft nicht fliegen können. Viele von ihnen wollten es lange Zeit selbst nicht wahrhaben. Sie versuchten es immer wieder. Anfangs mit wenig Erfolg – dafür oftmals mit fatalen Folgen.

Aber neidlos muss man anerkennen, dass sie die Kreativsten, Erfinderischsten aller Lebewesen sind und viele davon auf jeden Fall ehrgeizig und konsequent im Verfolgen und Umsetzen einmal gefasster Ideen. Inzwischen fliegen sie mit ihren technischen Hilfsmitteln viel weiter als unsereins.
Fliegen – sollte ich es einfach versuchen? Ob meine Schwingen schon kräftig genug waren? Quakistoteles meinte dereinst: „Alles, was man lernen muss, um es zu tun, das lernt man, indem man es tut."
Nun denn ... Ich erhob mich vom weichen Sitztuch, plusterte meine Federn auf, schüttelte alles gut durch, glättete sie gekonnt, zog jede meiner langen, kräftigen Schwungfedern einmal durch den Schnabel, schlug dann einige Male kräftig die Flügel zusammen und – siehe da – ich erhob mich tatsächlich einige Zentimeter vom Boden. Ich hüpfte mehr, als dass ich flog, aber immerhin! Welch ein Gefühl! Irgendwie konnte ich gar nicht genug davon kriegen und quirlte, stakste und balancierte von einem Bein auf das andere flügelschlagend im Wohnzimmer herum.
„DiDi, bist du verrückt geworden, du kannst doch nicht im Wohnzimmer deine Flugversuche unternehmen", kreischten meine Mitbewohner in gespielter Entrüstung.
Lose Federchen stoben durchs Zimmer, während ich mich unentwegt bemühte, an Höhe zu gewinnen. Nun ja, besonders elegant wirkte mein Gehopse sicher nicht. Von „Schwanensee" war ich noch meilenweit entfernt, aber dass sich mein großer Bruder vor Lachen auf dem Boden wälzte, fand ich total deplatziert, zumal er dadurch auch jeden weiteren Flugversuch unterband.
Am nächsten Morgen im Garten, es war ein wunderschöner milder Indian-Summer-Tag mit einer leichten Brise von Nordwest und Mami hatte mit mir soeben die Regenwurmtour beendet, da spürte ich es – ich fühlte es –, das war mein Tag!
„Kommst du mit, DiDi?"

Meine mir Anvertraute, die die kleinen Stiegen, die zum etwas erhöhten Gartenteil führten, hinaufgegangen war, drehte sich zu mir um – und wie ich kam! Im Tiefflug segelte ich elegant an ihr vorbei und landete im oberen Gartenbereich. Ich war Erste! Meine liebe Adoptierte war enthusiasmiert. (Ein Wort, das mit „ent" wie bei „Ente" beginnt, kann diesem außergewöhnlichen Ereignis nur gerecht werden.)
„DiDilein du fliegst, du kannst ja wirklich fliegen!"
Sie jauchzte verzückt und war nunmehr restlos überzeugt, das vielseitigste aller Tiergeschöpfe an ihrer Seite zu haben. Gehen, sitzen, laufen, schwimmen, tauchen, schlafen – wie ein indischer Yogi, oftmals auf einem Bein stehend, den Kopf um hundertachtzig Grad gedreht, zwischen den Flügeln versteckt, dabei mit einem Auge immer wachsam – und nun auch noch fliegen. Das schafft nicht einmal der Löwe, der doch immerhin als „König der Tiere" gilt.
„DiDi, du bist mir eine SuperintelligEnte!"
Wow, quakerliquak! Das hätte sie nicht besser ausdrücken können. Auch hier in diesem Superlativ war die „Ente" wieder drin. Na bitte, meine Spezies war sicher die Krone der Schöpfung ... – von wegen Löwe, Elefant, Affe oder Mensch! Hat einer jemals das Wort Intellilöwe, Intellifant, Intelligaffe oder Intellimensch kreiert oder benutzt?
Ich sah Mami von der Seite mit einem treuherzigen Blick, den man sonst nur Hunden zuschreiben würde, an. Mein Laufentendasein war hiermit beendet.
„Nun kannst du selbst entscheiden, ob du hierbleiben oder woanders hinfliegen möchtest", meinte sie leise und hob mich zu sich hoch.
Sie war von meinem Jungfernflug, dem entscheidenden Schritt zum Erwachsen- und Selbständigwerden, offenbar so überwältigt, dass sie nicht bemerkte, dass ich sie ein wenig auslachte, als sie mir ein kleines Küsschen auf meinen dunklen „Scheitel" hauchte.

Mein erster Ausflug

„Wirf dein Herz über das Hindernis und spring ihm nach", poetisierte einstmals Johann Wolfgang von Quäke – und so tat ich es. Aber ich warf nicht nur mein Herz, sondern mich als komplettes Ganzes.

Meine liebe Adoptierte hatte wunderbar dichte Hecken und Sträucher als Grundstücksumzäunung gepflanzt. Mein Blickfeld blieb dadurch aber leider relativ eingeschränkt. (Wie man weiß, ist nichts so schlimm wie ein beschränkter Horizont ...)

Mami war gerade um die Hausecke verschwunden, da konnte ich nicht widerstehen. Ich brauchte Horizonterweiterung. Gekonnt strich ich über die Fichtenhecke hinweg und landete – im Nachbargarten. Verdutzt blickte ich mich um. Hierher war sie also nicht gegangen. Ich stocherte etwas verlegen im Gras herum und lauschte.

Dann hörte ich das vertraute „DiDi, Dilidid, wo bist du?"

„Quat, quat", antwortete ich brav.

Etwas aufgebracht kam die Erwiderung: „Was – wo? Na, sag mal, du lustiger Vogel, wenn du schon abschwirrst, könntest du auch wenigstens wieder selbst zurückfliegen."

Sie eilte herbei, bat höflich um Einlass bei der Nachbarin, entschuldigte sich lachend für meinen „Hausfriedensbruch" und brachte mich ins eigene Refugium zurück. Wozu sich unnötig anstrengen, dachte ich, wenn man abgeholt und bequem nach Hause getragen wird.

Andere lassen Drachen steigen ...

An einem schönen Wochenende im Herbst stand die Apfelernte im Südburgenland auf dem Programm. Das bedeutete eine zweistündige Autofahrt. Ausfahrten in der Blechkiste gehörten nicht zu meinen Lieblingsbeschäftigungen, und auch

bei meinem großen Bruder und seinem noch größeren Bruder war die Begeisterung für dieses „spannende" Wochenendprogramm äußerst beschränkt. Einzig und allein die Aussicht, mit dem Balkenmäher über die Wiese rattern und damit etwas Taschengeld verdienen zu können, entlockte meinem großen Bruder ein müdes: „Na schön, wenn's unbedingt sein muss ..."
Der noch Größere verdrehte bloß seufzend die Augen und fügte sich in sein Schicksal, manuell tätig werden zu müssen. Am Tatort angekommen, vertiefte sich jeder in seinen Aufgabenbereich. Meiner bestand darin, so viele Heuschrecken in den Schnabel zu bekommen, wie nur irgend möglich. Diesmal war ich fast überfordert. Die Mahd wurde zusammengerecht, und ich saß auf den Grashaufen und brauchte eigentlich nur den Schnabel aufzusperren. Die üppige Mahlzeit hüpfte mir fast wie von selbst in den Rachen.
Meine zweite wichtige Tätigkeit bestand darin, aufzupassen, dass mir nicht einer der Äpfel, die Mami emsig erntete, auf den Kopf fiel oder sie mir, in ihrem Eifer und immer nach oben spähend, auf die Füße trat. Da hatte ich schon einige schmerzhafte Erfahrungen sammeln müssen.
„DiDi, Achtung!"
Mit einem dumpfen Aufprall landete einer der Rotbackigen, keine zehn Zentimeter von mir entfernt, im feuchten Gras. Das war knapp!
„Ich kann fliegen!", rief der Wurm, als er mit dem Apfel vom Baum fiel.
Während ich die Frucht beschnäbelte, um mich vielleicht des Bewohners zu bemächtigen, kam die zweite Attacke von oben und traf mein Schwänzchen. Ich hopste vor Schreck nach vorne und kugelte über die heruntergefallenen Äpfel direkt in ein Erdwespennest. Das war zu viel! Die aufgescheuchten, lästigen Insekten umschwirrten mich bedrohlich. Ich stand planlos inmitten der summenden Wolke und wusste nicht, in

welche Richtung ich nun flüchten sollte, als mir der Entenschutzengel in Form von Mamis rettender Hand zu Hilfe kam.
„Komm DiDi, jetzt wird's zu gefährlich. Räumen wir das Feld und lassen wir den Schwarm erst einmal zur Ruhe kommen."
Schnellen Schrittes verließen wir den Wespenflugplatz und setzten die Pflückarbeit in der nächsten Baumreihe fort. Meine liebe Adoptierte holte aus dem kleinen Gartenhaus eine seltsam geformte Holzstange mit einem gebogenen, scharfen Messer darauf und begann, die langen, beblätterten, grünen Stängel, die unter den Bäumen wucherten, abzusäbeln.
„Mein Entenschatz, Vorsicht, weg da mit dir!" Erneut hob sie mich hoch und setzte mich wieder hinter sich. „So, nun finden wir die abgefallenen Äpfel schneller."
Mit einem erleichterten Seufzer legte sie die gefährliche Sense beiseite, und ich konnte endlich ungehindert die wunderbaren Gaumenfreuden aufsammeln. Doch was war das? Ich stand auf dem grünen Stängelhaufen und verspürte ein brennendes Kribbeln an meinen Beinen, gerade so, als ob ich über einen Ameisenhaufen gelaufen wäre. Quakerli-quack noch einmal, bei den Barteln des Waller! Wo war ich da hineingeraten? Ich zappelte und hüpfte von einem Bein aufs andere ...
„Na, versuchst du dich im Irish Folk Dance? Komm raus aus den Brennnesseln, du kleiner Wicht!"
Mamis Hand liftete mich hoch und befreite mich aus meinen Qualen.
Die Arbeit ging nun immer leichter von der Hand. Die großen Brüder hörte ich schon lange nicht mehr motzen, ja, sie lachten sogar und waren zu gegenseitigen, kleinen Neckereien aufgelegt. War es die Aussicht auf ein gutes Mittagessen oder die Geburtstagsjause bei Mamis Cousin oder einfach nur die gute frische Luft und die körperliche Tätigkeit, die die Energiereserven mobilisierten und den Geist befreiten?
Jedenfalls waren alle gutgelaunt, die Sonne schien und bald waren die Kisten voll saftiger, frischer Äpfel in unserer Blech-

kiste verstaut. Jetzt noch das Gartentor zu unserer „Greenerie“ schließen, und ab ging’s zum nächsten Vergnügen. Während sich meine Familie am opulenten Mahl delektierte, durfte ich in Omas Badewanne schwimmen.

Dann fuhren wir zum Geburtstagskaffee. Die beiden Töchter von Mamis Cousin freuten sich überschwänglich, mich zu sehen. Wir hatten bereits das Vergnügen miteinander, als ich noch ein Küken war. Nun aber, in meiner Jungdamenpracht, stand ich den beiden an Schönheit beinahe in nichts mehr nach. Nur ihre Federn – äh Haare – waren um einiges länger als meine. Rein theoretisch mussten sie also besser fliegen können als ich ... Beide strahlten um die Wette, als mein großer Bruder den Vorschlag unterbreitete, mit mir auf ihre große Wiese hinter dem Haus zu gehen, um Flugübungen abzuhalten. Alle Geburtstagsgratulanten waren mit Begeisterung dabei und fungierten als Zaungäste. „Ob das wohl funktioniert?“ Einige Zweifler meldeten sich zu Wort, wurden aber von meinem großen Bruder sofort belehrt, dass das Experiment sicher klappen würde. Er trug mich bis zur hintersten Zaunecke, setzte mich auf den Boden und lief los. Etwas ratlos sah ich ihm nach. „Hey, DiDi, was ist?“ Er drehte sich um und schnitt verlegen eine Grimasse. Das Gelächter der jungen Damen hatte ihn sichtlich peinlich berührt.

Ich kam ganz gemächlich auf meine Fangemeinde zugewatschelt und sah gespannt von einem zum anderen. Was wollten sie bloß von mir? Worauf warteten sie denn so gespannt?

„Versuch du’s mal“, forderte er nun Mami auf.

„Ich kann aber nicht so schnell laufen wie du“, meinte sie.

„Egal, Hauptsache sie checkt, dass sie nachfliegen soll“, antwortete mein großer Bruder und stellte sich neugierig zu den Mädchen.

Mami brachte mich zur Ausgangsposition zurück.

„So, DiDilein, nun zeig mal, was du kannst“, flüsterte sie mir zu und lief los, ihre Arme seltsamerweise wie Flügel auf- und

abbewegend, aber ohne vom Boden abzuheben. Einfach grotesk, was die Menschen doch für komische Vögel sind.
Ich konnte mir ein breites Grinsen nicht verkneifen, aber irgendwie tat sie mir doch ein bisschen leid in ihren sinnlosen Bemühungen. Um diese peinliche Vorstellung zu beenden und eine Totalblamage zu verhindern, nahm ich ihre „DiDi-DiDi-DiDi-komm"-Aufforderung zum Anlass, zu demonstrieren, wie das nun tatsächlich auszusehen hatte. Ich hob professionell ab, überholte sie gekonnt im Gleitflug und landete – etwas unelegant – auf dem Bauch im weichen Gras. Hm, na ja, das musste auf jeden Fall noch geübt werden.
Wie hatte schon der menschliche Flugpionier Wilbur Wright so treffend festgestellt: „Das einzige Gefährliche am Fliegen ist die Erde."
Der Applaus der Flugshowbeobachter und die „ent"zückten (wieder so ein wunderschönes Wort, wo ich drinnen vorkomme) Beifallsrufe der langmähnigen Elfen beflügelten mich ungemein. Das Feuer, das man entzünden will, muss zuerst in einem selbst brennen. Und wie ich brannte! Ich hatte die Initialzündung ausgelöst, man hätte, bildlich gesehen, direkt von einem Flächenbrand sprechen können.
Nun wollte jeder mein Flugbegleiter oder Laufvorbild – je nachdem, wie man die Sache betrachtete – sein, und ich tat ihnen nur zu gerne den Gefallen. Zahlreiche „Flatterläufe", mit mehr oder weniger „holpertatschigen" Bauchlandungen meinerseits, folgten.
Die Freude und der Spaß an der besonderen Nachmittagsunterhaltung mit „DiDi-Sugarduck-Air" stand allen ins Gesicht geschrieben. Nur der größere Bruder meines großen Bruders, dessen Traum es war, Pilot zu werden, blickte etwas neiderfüllt zu mir herab und sagte leise seufzend: „Du hast's gut, DiDi, du hast mir schon einiges voraus."
Der große Weißschopf zog genüsslich an seinem Qualmhaken und meinte: „Tja, andere lassen Drachen steigen, wir lassen Ente steigen."

Limani

Ein infernalisches Getöse vor der Gartentüre ließ mich, neugierig wie ich von Natur aus bin, meine erdige Wühltätigkeit abrupt beenden, um eilends Nachschau zu halten. Das Getöse schwoll zum ohrenbetäubenden, schrill heulenden Gejaule an und hatte sich vor die Eingangstür verlagert. Gleichzeitig wurde temperamentvoll der Türklopfer betätigt. Mamis helle Stimme schmetterte ein „Kalimera, Limani, hallo ihr Lieben!". Das also war der erwartete Besuch aus Kreta. Limani, ein Schäferhund von imposanter Höhe, begrüßte meine Adoptierte überschwänglich und mit sprichwörtlich umwerfender Freundlichkeit. Dann drängte er ungestüm ins Hausinnere. Ich hinterdrein.

Jetzt erst bemerkten mich die Gäste und waren von meinem Erscheinen und meiner Erscheinung hellauf begeistert. Niki hatte fluchtartig das Haus über die offene Terrassentür verlassen, und mich ignorierte Limani völlig. Er stürzte sich in der Küche auf Nikis Essensreste, als hätte er eine wochenlange Fastenkur hinter sich. Seinem Frauchen und Herrchen war sein Verhalten sichtlich unangenehm, und sie standen etwas verlegen lächelnd im Vorraum und rollten in gespielter Verzweiflung die Augen.

Ich stand fassungslos – ja, förmlich entgeistert – hinter dem Gierschlund und war sprachlos, dass es ein Wesen gab, das ebenso geräuschvoll dinieren konnte wie ich. Mamis sorgenvoll geäußerten Bedenken, dass er mir gegenüber etwa unfreundlich reagieren könnte, zerstreuten seine Besitzer mit der beruhigenden Bemerkung, dass ihr Liebling an Federvieh gewöhnt sei.

Als ich bemerkte, dass sich der Vielfraß über meine Nudelschale hermachen wollte, ließ ich ein erbostes „Quack!", das mit einem lauten „Halt!" oder „Stopp!" zu übersetzen wäre, vernehmen. Der große Schmatzer drehte gemächlich seinen

Kopf herum, schleckte die letzte Nudel aus seinen Barthaaren und starrte mich von oben herab verständnislos an.
Seine Verwirrtheit nützte ich blitzschnell zum Angriff. Aufgeplustert wie ein Miniaturtruthahn, piekste ich ihn kräftig in die Zehen. Aber noch ehe er seinen Groll über diese Frechheit an mir auslassen konnte, hatte ihn sein Herrchen am Halsband zu fassen bekommen und bugsierte ihn mit sanfter Gewalt aus dem Gefahrenbereich. Das kam mir gerade recht. Ich setzte ihm nach und zwickte ihn ins Hinterbein.
„Nun ist's aber genug! DiDi, du verrückte Kampfente, lass das", polterte Mami los, fing mich ein und drückte mich an sich – doch irgendwie schwang Stolz über meinen Mut in ihrer Stimme mit.

Kampfententraining

Zur optimalen Vorbereitung auf die diversen Gefahren in freier Wildbahn oder einfach nur zu seinem persönlichen Vergnügen, so genau habe ich das noch nicht gecheckt, fand ich in meinem großen Bruder den idealen Trainingspartner. Meine Familienmitglieder glaubten immer noch an die Möglichkeit, mich auswildern zu können. Ich beließ sie in ihrem Glauben und fand an der Kampfausbildung unglaublichen Gefallen.
Mein großer Bruder hatte eine Leidenschaft. (Pfui – welch grauenvolles Wort, wer möchte sich denn Leiden schaffen?) Also, besser ausgedrückt – „Freudenschaft": die Eisenbahn, in der Realität wie auch im kleinen Modell. Tja, Leiden schaffte er sich nur dadurch, dass er davon immer mehr haben wollte, als sein Taschengeldbudget dies zuließ.
Mein großer Bruder also, der riesengroße Eisenbahnfan und geniale Drummer, war meistens ein ganz Lieber. Er herzte mich, kuschelte mit mir, stellte mich seinen Freunden vor, mit denen ich meinen Spaß haben konnte, zeigte mir seine Eisenbahnan-

lage und fand auch nichts dabei, wenn ich über die Gleise marschierte und er seinen Zug wegen mir anhalten musste. Er nahm mich auch zum Schlagzeugspielen mit, setzte mich dabei auf seinen Schoß und ließ mich an dem Krach teilhaben. Manchmal küsste er mich sogar (sehr zu Mamis Missfallen).
Aber hin und wieder stach ihn auch der Hafer und er begann, mich zu provozieren. In dem Fall erlaubte er sich mit mir immer einen besonders boshaften Scherz, indem er sich nämlich von hinten näherte und dann blitzschnell mein Schwänzchen berührte. Oh, wie ich das hasste! Mein Schwänzchen war meine heikle, meine „heilige" Stelle. Mein großer Bruder nennt dies so, weil auch er eine „heilige" Stelle hat. Ich glaube, jeder hat so eine Tabuzone.
Ich wirbelte herum, um den Frechling abzuwehren. Der wurde zum Feigling und zog ebenso schnell seine Hand zurück. Das Spiel wiederholte sich. Er gackerte und quiekte vor Vergnügen, wenn ich mich im Kreise drehte, um seine Finger zu erwischen. Wenn Mami zu murren begann, weil sie es unfair fand, legte er sich auf den Boden zu mir, um das Training auf gleichem Niveau fortzusetzen. Das war und ist immer noch meine große Chance. Mit ihm auf gleicher Höhe fühle ich mich ihm weit überlegen. Ich plusterte mich also zur vollen Größe auf, senkte den Kopf wie ein Kampfstier und stürmte mit lautem Stakkato-Gegacker auf ihn los. Mit unglaublicher Leichtigkeit überrannte ich ihn einfach, so dass ihm das Lachen förmlich im Halse stecken blieb und er nur mehr ein „Uitaratatouille, Ente, du bist ja total verrückt!" japsen konnte.
Ich wandte mich geschickt um und piekste ihn in die Wange.
„Aua, bist du wahnsinnig?"
Von wegen, das war bloß meine „Schwänzchenrache".
Er trommelte die Familie zusammen, um eine Sondervorstellung unseres Kampftrainings zu geben. Und ich tat ihm den Gefallen, ließ noch dazu ein drohendes „Dockdockdockdockgockgockgockgock-quarrrrr" vom Stapel, als ich über ihn

hinwegstürmte und abschließend kräftig in die Nase zwickte. Hm, quakerliquack, um es einmal im Eisenbahnerjargon auszudrücken: „Es ist vernünftiger, Dampf abzulassen, als zu explodieren."
So wurde und werde ich immer noch zur Kampfwildente ausgebildet und habe dadurch so manchem Katzen- und Hundetier – und erst recht den respektlosen oder fürwitzigen Aufdrängungsversuchen menschlicher Wesen – Einhalt geboten und so manchem auch eine schmerzhafte Lektion erteilt. Mein großer Bruder stellt die Blessuren, die ich ihm zufüge, sogar mit einem gewissen Stolz zur Schau. Nun ja, das ist seine Art Piercing oder Tattoo. Nur ein Marder wollte nicht klein beigeben, aber das ist eine andere Geschichte – davon erst später mehr.

Im Sozialdienst

In unserer Siedlung lebt es sich wie in einem kleinen Dorf. Die Bewohner kennen einander, begrüßen sich, plaudern miteinander, besuchen und helfen sich gegenseitig, und manche streiten auch miteinander. Manchmal stehen gemeinsame Heurigenbesuche auf dem Programm, oder sie treffen sich da und dort zu wichtigen Besprechungen, zu gemütlichem Gedankenaustausch oder zu Klatsch und Tratsch.
Es gab nur wenige, die sich der Gemeinschaft entzogen und kontaktscheu waren. Aber seitdem ich im Haus Nummer drei residierte, waren die Schranken gefallen. Sogar jene Mitbewohner, die das ganze Jahr über kaum mehr als die üblichen Grußworte über die Lippen gebracht hatten, blieben nun an unserem Zaun stehen, um einen Blick von mir zu erhaschen oder aber, um entweder mit mir persönlich zu plaudern, sich bei Mami über meine Befindlichkeit zu erkundigen oder um über meinen täglichen Menüplan zu parlieren.

Wurden Stimmen laut, die sie wegen der Mehrarbeit, die ich angeblich verursachen soll, bedauerten, meinte sie stets lächelnd: „Ach was, die Freude, die mir meine Ente schenkt, wiegt die Arbeit, die sie macht, um ein Vielfaches auf."
Ich hatte mir Mamis Lebensmotto „Begegne jedem Mitgeschöpf so, dass es froh ist, dir begegnet zu sein!" intuitiv angeeignet. „Wie so eine kleines Tier die Menschen doch positiv beeinflussen kann", meinte sie des Öfteren und fügte hinzu: „Didilein, du bist ein die Menschen fröhlich machender, kleiner Schatz, auf deine Art irgendwie eine perfekte Sozialdienstente."
Ich erkannte bereits alle Siedlungsbewohner entweder an ihren Stimmen, ihrer Gangart oder daran, wie sie die Garten- oder Haustür ins Schloss fallen ließen. Da wären zum Beispiel die Nachbarin von vis-à-vis, die mich, stets geschäftig und etwas in Eile, manchmal nur mit einem flüchtigen „Hallo Didi!" bedachte (aber immerhin, so viel Zeit nahm sie sich) und ihre liebliche Tochter, die mir die feinsten Regenwürmer und Schnecken aus ihrem Garten brachte und sich ohne Scheu, von mir beschnäbeln ließ.
Den netten Nachbarn, dessen prachtvoll überpflegter Grünerholungsraum an unser Wildblumenmeer grenzte und der sich beim Gärtnern immer so freundlich mit mir unterhielt, erkannte ich schon von Weitem an seinem dynamischen Schritt, oftmals begleitet von einem kleinen Hüsteln.
Da war dann noch die elegante Lady mit der dunklen, rauchigen Stimme, die viel in der Welt herumkam, mich aber mit großem Interesse in meiner kleinen Entenwelt besuchte und mich ganz außergewöhnlich reizend und „ent"zückend (mein Lieblingswort) fand.
Die Besitzerin meines Lieblingsgartens sprach ICH gerne an, wenn sie mit ihren Einkaufstaschen an unserem Gartenzaun vorbeieilte. Das Frauchen der dreifärbigen Katze, die stets gemessenen Schrittes vorbeiflanierte, gab öfters eine nette Wortspende in meine Richtung, und die hübsche Dame mit

den dunklen Locken und den schönen Kleidern im Land-Lady-Stil verweilte manchmal kopfschüttelnd am Zaun und flötete: „DiDi, du bist wirklich eine außergewöhnliche Ente und eine richtige Persönlichkeit." Und ich antwortete brav mit einem „Twit-twit-twit" oder „Quat-quat-quat".

Eine andere Dorfmitbewohnerin, die ich am lauten Stakkato ihrer Stöckelschuhe erkannte, meinte sogar einmal mit einem tiefen, gespielt theatralischen Seufzer zu Mami: „Ach ja, der Didi (sie verwendete immer noch die maskuline Anrede für mich) ist der Einzige, der mich begrüßt, wenn ich heimkomme."

Mit einer lieblichen Blondine und ihrem kräftigen, etwas untersetzten Partner plauderte ich besonders gerne. Er hatte ein Sprechorgan, das der Bassdrommel meines großen Bruders am nächsten kam, und den sanften Ton, den er mir gegenüber anschlug, hätte ihm wohl niemand zugetraut. Sie zählten zu meinen größten Fans in unserem „kleinen Dorf" und bedachten mich regelmäßig mit frischen Salatblättern und anderen Leckereien.

Wenn Fidis Adoptiveltern in anglophiler Gelassenheit an mir vorbeispazierten, hielten sie oft inne und hatten immer eine nette Äußerung über mich parat, aber nicht nur das: Fidis Ziehpapa gab mir sogar höfliches Geleit nach Hause, als ich wieder einmal „ausbuchste", wie Mami es nannte.

Manche Siedlungsbewohner schrillten, andere säuselten oder sülzten, knarrten oder krächzten, aber alle waren begeistert, wenn ich mit ihnen „charmozierte". Mit manchen, die, ergriffen von der eigenen Größe, nur flüchtig von oben auf mich herabsahen, sich aber doch zu einem Bonmot herabließen, unterhielt ich mich auf Distanz. Bei meinen Lieblingsgesprächspartnern aber eilte ich zur Gartentür oder zum Gartenzaun, um ihnen nahe zu sein.

Dabei konnte ich mich bei manchen aber nicht des Verdachtes erwehren, dass sie sich eigentlich gerne selbst reden hör-

ten und sie gar nicht so sehr darauf achteten, was ICH ihnen zu sagen hatte. Möglicherweise erschien ihnen mein „Quakquak“, „Quat-quat“ oder „Pittwit“ auch einfach nur zu einsilbig. Auf jeden Fall war ich mit allen Bewohnern gut Freund. Siedlungsfremde Personen hingegen erkannte ich klar als solche und verhielt mich wesentlich zurückhaltender. Mit den Männern von der Müllabfuhr ergab sich kaum ein Gespräch, obwohl sie immer besonders gutgelaunt wirkten. (Vielleicht lag es aber auch daran, dass sie mich, weil sie so „misteriös“-intensiv beschäftigt waren, noch nicht bemerkt hatten.) Der Lärm, der beim Entleeren der Müllcontainer entstand, war mindestens so faszinierend wie das Schlagzeugspiel meines großen Bruders, und ich reckte und streckte meinen Hals hinter der Gartenhecke, um das Geschehen irgendwie beobachten zu können. Der Briefträger war auch sehr nett, schien aber – wie Hermes der Götterbote – berufsbedingt immer irgendwie in Eile, deswegen blieb keine Zeit für eine Unterhaltung mit ihm. Alle Geräusche waren mir vertraut geworden, bis sich eines Tages etwas völlig Neues in die Klangkulisse einbrachte: eine Stimme oder besser gesagt ein Stimmchen, das mich sofort in seinen Bann zog. Es klang beinahe wie Vogelgezwitscher und doch eine Nuance rauer. Faszinierend!
Ich stellte mich auf die Zehenspitzen (oder heißt es bei mir Schwimmflossenspitzen?), um genauer sehen zu können, woher diese Laute kamen. Dann eilte ich den kleinen Abhang hinunter zum Zaun. Ich zwängte meinen Kopf durch die Drahtmaschen und erblickte ein eigenartiges Ding: ein mit Stoff überzogener Behälter, mit einem Haltegriff daran und auf vier Rädern. Aus diesem Ding kamen die hohen, piepsigen Töne heraus.
Wie ich später erfuhr, nennen es die Menschen Kinderwagen. Sie legen doch tatsächlich ihre Küken in diese Art von Gefährt und schieben sie, vom wärmenden Körper weit entfernt, vor sich her. Da lobe ich mir Entenmamis. Bei ihnen dürfen

die Babys unters wärmende Gefieder kriechen oder werden auf dem Rücken transportiert. Ich durfte zwar meine biologische Mama nie kennen lernen, aber meine liebe Adoptierte, mein Anti-Tanti und mein großer Bruder haben dies ebenfalls – so gut sie es eben konnten – mit und bei mir praktiziert.
Das kleine Wesen war neu hier bei uns. Als mich seine Oma bemerkte, wurde der Kleine aus seinem Wagen gehoben, und ich wurde ihm vorgestellt. Er quietschte vor Freude und streckte mir seine kleinen Fingerchen entgegen.
Ich ließ ein zärtliches „Giiiigiii-twiiii-giiigiiii" vernehmen und beide lachten. Das kleine Menschenkind hatte sofort mein Herz erobert. Wann immer ich sein Stimmchen hörte, kam ich herbeigeeilt, um einen Blick von ihm zu erhaschen oder auch nur, um begeistert seinen lieblichen Tönen zu lauschen.

Ich lauschte andächtig der fröhlichen Sängerrunde.

Mit Mami durch den Garten

Allmählich entwuchs
ich den Blumengefäßen

Ich hatte mich zu einem schmucken Entenfräulein gemausert

Mit vier hübschen Blumen in meinem Refugium

Fidi – mit majestätischer Schleppe – erteilte mir meine erste Abfuhr …

Koffer, Taschen, Rucksäcke faszinierten mich immer

Hin und wieder erlaubte ich Niki, mit mir gemeinsam zu dinieren …

… das Werk meines großen Bruders

Nicht übel, was sich mir im Spiegel zeigte. Ein bisschen konnte an der Garderobe zwar noch gearbeitet werden, aber sonst …

Schuhfetischist

Ohne mich geht
hier keiner fort …

Wenn Mami gerade keine Zeit für mich hatte, beschäftigte ich mich gerne mit Glasuntersetzern aus Kork …

… oder ich spielte eine Partie Schach mit mir selber – auf meine ganz spezielle Art …

Fliegen müsste man können ... Ich glättete mein Gefieder,
zog die Schwungfedern noch einmal durch ...

... dehnte und streckte mich
und versuchte – im Wohnzimmer – abzuheben.

Limani aus Kreta zu Besuch
bei uns (nachdem ich ihn in
die Pfoten gezwickt hatte ...)

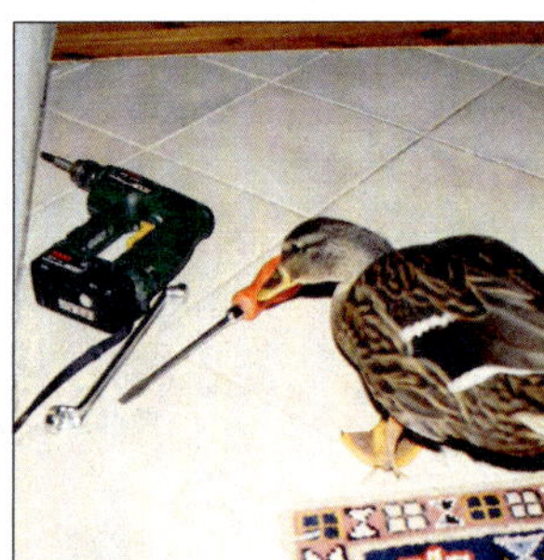

Heimwerker

Bei der Apfelernte im Südburgenland

Ente im Korb

Vom Ententheater zur Flugshow
Meine ersten Flugversuche

.. mit meinem großen Bruder und einer jungen Schönen mit wunderbaren, langen Federn ...

„Quakerli-qua – ich bin Erste!"

Was für ein Gefühl!

Mein großer Bruder war meist ein ganz Lieber – er kuschelte und spielte mit mir, und manchmal küsste er mich sogar (sehr zu Mamis Missfallen).

Aber manchmal ...,

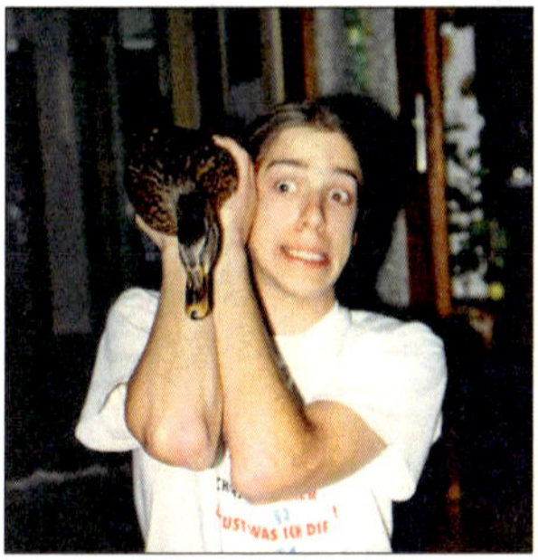

manchmal stach meinen großen Bruder auch der Hafer ...

Kampfententraining

Ich ließ mir seine Frechheiten nicht gefallen, blieb ihm nichts schuldig, attackierte ihn – und zwickte ihn kräftig ...

Niki will einfach nicht mit mir spielen

Die Hausschuhe meiner lieben Adoptierten passen auch mir ganz gut

Laut und vogelfrei

Ich blieb nun bereits den ganzen Tag über im Garten. Es war spürbar kühler geworden. Mami kam zwar, in regelmäßigen Abständen, um nach mir zu sehen, aber sonst war ich auf mich allein gestellt.

Als geborenes Scharentier, mit einem ausgeprägten Sozialverhalten, zeigte ich allerdings wenig Verständnis dafür, dass sie immer wieder für längere Zeit im Haus verschwand. Ich brauchte einen Partner oder eine Partnerin, die ständig um mich herum war. Deshalb ließ ich oftmals ein durchdringendes, unüberhörbares „Qua-qua-qua-qua-qua-qua" vernehmen, das mit „Seid ihr noch alle da?" zu übersetzen war.

Dies bewirkte, dass meine liebe Adoptierte ihren Kopf pflichtbewusst zum Fenster herausstreckte, um mich zu beruhigen. Kaum war sie wieder verschwunden, ließ ich Minuten später erneut meinen lauten Ruf ertönen.

Wir Stockentenmädels haben ja, klugen Forschungen zufolge, das lauteste Organ. Das kam mir sehr zugute – und immer wieder wurde brav das Fenster oder die Türe geöffnet, um mich zu beschwichtigen.

Es regnete in Strömen. „Quat-quat-quat-quat-qua", eindringlich ließ ich meine Frage erschallen: „Wo seid ihr denn heute alle, meine Ansprechpartner?"

Mamis Stimme lag bereits deutlich im oberen Frequenzbereich: „Was ist denn schon wieder, du lustiges Federvieh? Gib endlich Ruhe! Du musst doch einsehen, dass kein Mensch gerne bei diesem Wetter draußen ist."

Quakerli-quack – das war mir vollkommen unverständlich. Das Wetter war doch herrlich! Ideales Regenwurm- und Schneckenwetter! Mindestens zwanzigmal hatte ich meinen Lockruf an diesem Vormittag ertönen lassen, und sie hatte genauso oft brav geöffnet, um mit mir zu plaudern – das war schon was ... Das war eigentlich genau das, was ich damit bezwecken wollte. Ich hatte meine mir Anvertraute immer unter Kontrolle und sorgte, ganz nebenbei, für gut durchlüftete Räume.

Wieder einmal flog ein Schwarm laut krächzender, schwarzer Rabenvögel über mich hinweg. Ich sah ihnen versonnen nach. Man braucht immer wieder entsprechende Inspirationen, damit Geistesblitze zünden und Gedankenflüge abheben. Hm, nun, eigentlich stand es mir frei, zu tun und zu lassen, was und wie ich es wollte. Ich war im wahrsten Sinne des Wortes vogelfrei. Daher konnte ich auch fliegen, wohin ich wollte, und mich reizte allmählich die Vorstellung von einem Rundflug über unser „kleines Dorf", so quasi als Bewusstseinserweiterung oder -erheiterung.

Kurz entschlossen erhob ich mich in Richtung Norden, überflog den kleinen Parkplatz, wo unsere blaue Blechkiste stand, und strich dann in einem scharfen Linksbogen am angrenzenden Nachbarhaus vorbei, über hohes Buschwerk hinweg, um gleich darauf zur Landung anzusetzen.

Aber hoppla, wo war ich denn da? Das war nicht mein vertrautes Terrain. Nach meinen Berechnungen … Hatte ich etwa den Radius der Kurve zu weit ...? Nun, rechnen war offensichtlich nicht meine Stärke. Was soll's, dachte ich, dann mache ich mich eben zu Fuß auf den Nachhauseweg.

Während ich noch da und dort im Gras herumstocherte – denn so eilig hatte ich es ja auch wieder nicht –, hörte ich bereits Mamis „DiDi, DiDi, wo bist du?".

Artig antwortete ich mit „Quat, quat, quat", und der große Schlanke, der qualmend auf der Terrasse stand, gab ihr den entscheidenden Hinweis auf mein Verbleiben. Eine kleine Rüge auf den Lippen, aber glücklich, hob sie mich über den Zaun und trug mich nach Hause.

Spätherbst

Die Tage waren zwar merklich kürzer geworden, aber für die Jahreszeit ungewöhnlich mild und sonnig. Meine mir Anvertraute und ich tourten immer noch durch die nachbarlichen Gärten. Ich hatte mich hübsch und rundlich gefuttert und mir auch ein dichtes, daunengefüttertes Federkleid zugelegt.

Ein lieber Freund der Familie, der gerne bei uns vorbeikam, lachte bei meinem Anblick dröhnend und rief mir wiehernd vor Vergnügen zu: „Sapperlot, DiDi, du bist ja ein Prachtstückerl geworden! Rund und g'sund!"

Unter seinem knallgelben Wollpullover wölbte sich eine mächtige Kugel. Ich sah an mir herunter – wir hatten tatsächlich eine starke Ähnlichkeit, wenn mein Kropf gefüllt war, das machte ihn mir auf Anhieb sympathisch. Ich betrachtete ihn und er mich wohlgefällig, und Mami meinte: „Bin ich froh, dass mich nicht ein Schwan adoptiert hat. Kannst du dir den in meinem Wohnzimmer vorstellen?"

In den letzten, wärmenden Sonnenstrahlen nützte ich meinen wunderbaren Swimmingpool noch für ausgiebige Bäder. Wenn das Becken frisch gefüllt wurde, war ich überhaupt nicht zu halten. Ich tauchte, spritzte, schoss wie ein Pfeil unter Wasser blitzschnell von einem Poolrand zum anderen, wirbelte, kreiselte und machte wahre Kopfstände und Purzelbäume – so richtig nach dem Lied „... Köpfchen unters Wasser, Schwänzchen in die Höh'...".

Mami hatte nach den ersten klatschnassen Erfahrungen jedes Mal schleunigst die Flucht ergriffen und sich in Sicherheit gebracht, denn in diesem Falle kannte ich kein Pardon. Das Spielchen fand erst dann ein Ende, wenn mindestens die Hälfte des Wassers verspritzt war. Dann erklomm ich den am Beckenrand positionierten großen, eiförmigen Granitstein und begann mich zu stylen.

Jeder, der dieses Geplätscher hörte, blieb verwundert stehen, und es gab sogar Fragen, ob sich meine Familie nun gar einen Springbrunnen zugelegt hätte.

Das Lächeln, das du aussendest, kommt zu dir zurück …

Ich stand auf der Eingangsstiege und lächelte – auf meine Weise. Wenn mich die Vorbeigehenden entdeckten, kam das Lächeln von ihnen zu mir zurück – und nicht nur das. Nette Leute von nah und fern brachten wunderbare Geschenke, wie Haferflocken, Spaghetti, Salat oder Grünzeug, Schnecken mit großen und kleinen Häuschen, Regenwürmer in Marmeladengläsern, und hängten sie an die Gartentür.
Am meisten freuten sie sich aber, wenn ich das Dargebotene selbst in Empfang nahm. Nur dem netten Gentleman, der einen leeren Rahmbecher voll dicker, fetter Engerlinge für mich gesammelt hatte und ihn voll Stolz meiner Mami aushändigte, musste ich einen Korb geben – diese Fettlinge schmeckten mir leider überhaupt nicht.
Kein Wunder, dass ich, so wohlgenährt, kaum mehr in meiner Wohnzimmer-Voliere Platz fand. Deshalb wurde ich die Nacht über in den geräumigen Drahtverschlag, den mein großer Bruder gebastelt hatte, in den hellen Kellerraum unter der Terrasse übersiedelt, wo nun im Spätherbst auch einige der großen Terrassenpflanzen einen Miniaturwald simulierten. Möglicherweise lag es aber auch daran, dass meine Verdauung auf Grund des Nahrungsüberangebotes hervorragend funktionierte und der Duft, der morgens das Wohnzimmer durchströmte, die Geruchsorgane meiner Mitbewohner ziemlich irritierte und den Appetit auf das Frühstück empfindlich störte.
Wie sollte man sich sonst erklären, dass mich mein großer Bruder plötzlich „Stinki“ nannte? Ich nahm es ihm nicht übel,

zumal es auch irgendwie lieblich klang. Auch die vielen anderen Kosenamen, wie Wuli-Wutzi, Viele-Fips, Gigili, Zwutschi, Pipi, Zwetschkerl, Gigelchen, Didsie oder Pipsi, die ich in der Zwischenzeit geerbt hatte, akzeptierte ich anstandslos. Das für uns Schwimmvögel unselige Fest des heiligen Martin ging spurlos an uns vorüber. Meine Familienmitglieder, die sich vor meiner Zeit gern an Martini-Gänsebraten delektiert hatten, verdrehten alleine beim Erwähnen dieses Brauches nur mehr die Augen und zogen verächtlich die Mundwinkel nach unten. Wie konnte man nur …

Das erste Weiß

Wie jeden Morgen befreite mich Mami aus meinem geräumigen Nachtlager und setzte mich in den Indoorpool. Ja, ich logierte wirklich nobel – wer ist schon im Besitz zweier Swimmingpools?
Nach der ausgiebigen Morgentoilette strebte ich ins Freie, um wie gewohnt draußen mein Frühstück einzunehmen. Doch, quakerli-quack, bei den Barteln des Waller: Was war passiert? Das gemütliche Grün-Braun des Gartens hatte sich in ein einheitlich kühles, aber strahlendes Weiß gehüllt.
Wie die Metamorphose eines Falters, wo aus der unscheinbar grau-braunen Puppe, aus einem Kokon, plötzlich ein strahlend weißer Schmetterling schlüpft, hatte sich der Garten verwandelt. Verdutzt starrte ich auf die weiße Decke und wagte keinen Schritt darauf.
Meine Adoptierte rief fröhlich: „Didilein, der erste Schnee! Dein erstes Schneeerlebnis – komm, probier's mal", und stapfte ermunternd durch die weiche Pracht.
Ich nahm all meinen Mut zusammen und setzte mich zögernd in Bewegung. Brrr, war das kalt! Drei oder vier Schrittchen später ließ ich mich schon nieder und verbarg meine

empfindlichen Watschelbeinchen in den wärmenden Daunen. Nun, damit hatte man mir keine Freude gemacht. Wer hatte sich diesen Unfug ausgedacht?
Meine mir Anvertraute hob mich lachend hoch (sie hatte leicht lachen, denn ihre Füße hatte sie wohlweislich in dicke Stiefel gesteckt) und setzte mich auf einen dicken Schneepolster, um die Szene bildlich festzuhalten. An und für sich hatte ich nie etwas dagegen, fotografiert zu werden. Ich liebte es sogar, stand ich doch so gerne im Mittelpunkt und posierte daher minutenlang – ohne mit der Wimper zu zucken, meine Haltung zu verändern oder gar ungeduldig zu werden. Meine Brüder waren deshalb direkt ein bisschen eifersüchtig.
Bis zu meinem Erscheinen waren sie im Zentrum des fotografischen Interesses von Mami gestanden. (Sie waren dabei längst nicht so geduldig oder fotogen wie ich gewesen, und die Fotografin hatte ihre liebe Not, die beiden Herren bei Laune zu halten. Sie motzten und nörgelten, wenn sie auch nur die Kamera zückte, und der Grundtenor lautete: „Nicht schon wieder! Muss das sein ...?") Niki ließ sich zwar ohne Protest ablichten, aber langes Posieren war auch seine Sache nicht. Aber nun hörte man, beim Ansehen der neuen Bilder, immer öfter ein enttäuschtes „Ach, schon wieder nur Entenfotos!".
Nach der Fotosession, die mir heute viel zu lange dauerte, gingen wir oder besser gesagt rutschten wir noch eine kleine Gartenrunde. Da vor lauter Watschel-Watschel – Hinhocken – Watschel-Watschel – Hinhocken an ein Vorwärtskommen nicht zu denken war, nahm sie mich wieder mit ins Haus. Ich durfte den Tag in der warmen Stube verbringen. In der Wohnraum-Voliere machte ich mein Nickerchen, die Speisen nahm ich in der Küche ein, im Vorraum spielte ich mit den Teppichfransen, und es wurde mir sogar das Wohnzimmer frei zur Verfügung gestellt.
Um mir die Zeit zu vertreiben – quack, welch unmögliche Redewendung: Wer hat denn heute noch Zeit, um sie dann

auch noch zu vertreiben? Es scheint wirklich so, dass die meisten Menschen wenig Muße haben und andauernd irgendwem, -wie, -wo oder -was hinterherhetzen. Manche scheinen unter dem Motto zu leben: „Wir wissen zwar nicht wohin, aber Hauptsache, wir sind schneller dort." Oder: „Eigentlich weiß ich nicht, was ich will, das aber dafür sicher ..." Haben sie das Objekt der sehnsüchtigen Begierde, dem sie viel Zeit geopfert haben, um ihm hinterherzuhetzen, es zu erjagen, es zu erbeuten, letztendlich gefunden, dann vertreiben sie sich damit die Zeit ...

Also sollte ich treffender sagen: Zu meiner Unterhaltung stocherte ich, als Mami gerade nicht hinsah, in den großen Blumentöpfen herum. Sie liebte Blumen und Grünpflanzen jeder Art. Von winzig klein bis riesengroß. Die Riesen standen zu meiner Freude im Wohnzimmer. War der Dschungel den Sommer über auf der Terrasse, so übersiedelte er, sobald es kühl zu werden begann, in die Wohnräume. Mit außerordentlichem Vergnügen durchwühlte ich, immer auf der Suche nach Essbarem, die Oversize-Tontöpfe der bis zur Zimmerdecke reichenden Palmen.

Die Ausbeute war gering, Mamis Entsetzen dagegen groß. Sie übte sich in allerlei nicht ernst zu nehmenden Drohgebärden, und ein Wortschwall ergoss sich über mich. Ich war mir keiner Schuld bewusst – Erdwühlarbeit lag doch in meinem Naturell. Ich sah sie „ent"geistert an. Das bisschen Erde auf dem Boden und auf dem Teppich, die paar Wurzelbällchen und Blätter unter dem Esstisch und den Stühlen ... Musste sie so pedantisch sein? Versteht das unsereiner?

„DiDi, du Zwetschkenkrampus! Bist du eine Wühlmaus oder was? Schau dir einmal diesen Mist an, du Federvieh!"

Sie verkniff es sich aber, mich Mistvieh zu nennen. Das musste ich ihr zugute halten. Dann wanderte ich für ein Weilchen wieder in meine Voliere und meine „ent"rüstete Adoptierte schwang inzwischen den Besen.

Ministerliche Zehenkontrolle

Am Abend bekamen wir Besuch. Die fröhlichen Gäste wurden mit lautem Hallo von meiner Familie begrüßt. Dann richtete sich die ganz Aufmerksamkeit auf mich, und Mami erzählte zum x-ten Mal ihre Adoptionsgeschichte, während sie mich für die genaue Besichtigung hochhob.
Die Gastfamilie betrachtete mich fasziniert, und Fragen über Fragen, meine Persönlichkeit betreffend, prasselten über uns herein. Sogar der große Weißschopf, der sich mir gegenüber immer ein bisschen distanziert gab, zeigte plötzlich gesteigertes Interesse an mir. Er pries in einem wortgewaltigen, ausführlichen Lobeshymnen-Monolog begeistert meine Familientauglichkeit. Meine mir Anvertraute hob in erstaunter Verwunderung die Augenbrauen, und ich fühlte mich geschmeichelt. Welch eine Ehre!
Ich wanderte zurück in meinen Duck-Behälter und die Meinen samt Besucher hinunter in die Sauna. Als die gutgelaunte Schar wieder auftauchte, waren einige von ihnen barfuß unterwegs. Ich randalierte in meiner Voliere und bekam Ausgang, um in der Küche mein Abendessen einzunehmen. Da tauchte neben mir plötzlich eine mächtige Gestalt auf, beugte sich zu mir herab und sprach mich mit einem lustig-verschmitzten Gesichtsausdruck freundlich an.
Was mich sofort faszinierte, waren seine nackten Zehen, die in offenen Haussandalen steckten. Ich liebe nackte Zehen! Sie waren von Anfang an das Lieblingsobjekt meiner verspielten Beschnäbelungen gewesen ... Also beherzt darauf zu und eine nach der anderen „gekostet“!
Was dann folgte, versetzte sogar mich in Erstaunen. Überraschend hohe, spitze Töne ausstoßend, hopste der Mächtige von einem Bein auf das andere, völlig perplex, nicht wissend, wie er sich meiner erwehren sollte. Das sah wirklich drollig aus. Ich fand großen Gefallen daran und verfolgte ihn bis ins Wohnzimmer.

Sein belustigtes Quietschen war in dröhnendes, ansteckendes Lachen übergegangen, in das alle Zuseher des Ententheaters einfielen. Nur meine liebe Adoptierte rief in gespieltem Entsetzen: „DiDi, lass das! Du kannst doch nicht einem Minister die Zehen abbeißen! Weißt du, was mich das kosten kann ...?" Mir war's egal, wem die Zehen gehörten. Erstens machte es Spaß, zweitens war ein Minister für mich auch nur ein gewöhnlicher Mensch und drittens war er sowieso vom richtigen Ressort. Er wusste einiges von meiner Spezies und versprach meiner Mami hoch und heilig, bei seiner nächsten Jagd keine Wildenten zu schießen. Quakerli-quak! So wurde ich vielleicht an jenem Tag zur Lebensretterin für einige meiner Art.

Sehr schmuck

Draußen herrschte nun unangenehm feucht-kühles Wetter. Für unsereins spielt das ja keine Rolle, für die Menschen aber schon. Ich vermisste meine täglichen Ansprechpartner. Kaum jemand aus der Siedlung ließ sich blicken. Alle Schnecken, Käfer und Würmer hatten sich längst verkrochen. Mir war deshalb furchtbar langweilig. Mein oftmaliges „Qua-qua-qua-qua-qua" veranlasste meine liebe Adoptierte enerviert, ihren Besuch bei mir anzukündigen.
„Was ist denn los, du Schreihals? Ist dir fad? Also gut, ich wollte sowieso mit dem Weihnachtsschmuck beginnen. Du meine Güte, die Zeit zwischen dem 1. Dezember und Heiligabend wird von Jahr zu Jahr kürzer, wie mir scheint ..., aber das berührt dich, du kleiner Zwetschkenkrampus, sicher in keinster Weise, manchmal irgendwie beneidenswert. Also fangen wir an, damit Ruhe ist", sprach's und holte verschiedene grüne Zweige, die sie großzügig im Eingangsbereich, im Garten und auf der Terrasse verteilte. Ich immer hinterdrein, damit mir von dem seltsamen Treiben nur ja nichts entgeht.

So entstanden nun im Nu frische, grüne Inseln. Die so „bepflanzten“ Töpfe erhielten als Nächstes Föhrenzapfen in Weiß, Gold oder Rot.
Dann kam das Schönste für mich. Aus einem großen Karton holte Mami lustige kleine Dinge, wie zum Beispiel Miniaturschaukelpferdchen, Weihnachtsmänner, Engelchen, Kugeln, wunderbare Girlanden, rot-goldene Ketten, herrlich ineinander verschlungene Bänder und kunstvoll geknüpfte Maschen. Hingebungsvoll dekorierte sie damit die grünen Zweige.
Dann läutete das Telefon im Haus und sie eilte hinein. Ich konnte mich gar nicht sattsehen. Besonders die üppigen Hagebutten-Weißdorn- und Sanddorn-Zweige mit den leuchtend roten Beeren hatten es mir angetan. Auch die Ketten mit den goldenen Kügelchen und die glänzenden Schleifen waren zu verlockend.
Als meine mir Vertraute wieder erschien, waren die grünen Töpfe entschmückt. Dafür hatte ich die goldenen Kugelketten und anderen lustigen Weihnachtskrimskrams gleichmäßig im Garten verteilt, und einige der silberbeflitterten Föhrenzapfen schwammen mit mir im Outdoorpool. Die Hagebutten aber waren die Einzigen, die mir wirklich geschmeckt hatten.
Irgendwie konnte ich mich des Eindrucks nicht erwehren, dass Mami „not really amused“ war. Als ich die mühsam programmierte Außenbeleuchtung, durch das neugierige Untersuchen des Schalters, dann auch noch zur rhythmisch blinkenden Discokette umfunktioniert hatte, bekam die Weihnachtsdekorateurin einen nervösen Auszuck.
Dennoch erfasste meine liebe Adoptierte weiterhin eine manische Dekoriersucht, und sie verfiel in einen wahren Schmückrausch. Die Verteilung des festlichen Zierrats wurde, zu meiner großen Freude, noch tagelang emsig fortgesetzt. Kein Raum blieb ohne floristisches Beinahe-Kunstwerk. Bildchen und Deckchen mit Weihnachtsmotiven, Engelchen, Kerzen in unterschiedlichster Größe und Form, Glöckchen und eine

Unzahl von Sternen jeder Art behübschten unser Zuhause und bereiteten optisch auf das große Fest vor.
Auch die Nachbarn wurden in die Dekorierorgien einbezogen. Jeder wurde mit einem weihnachtlichen Gesteck bedacht. Wir arbeiteten als Team im Keller. Ich half, so gut ich konnte. Das heißt, ich inspizierte alle Tannen- und sonstige Grünzweige auf etwaig verborgenes Käfergetier und durchstöberte sämtliche Kartons mit Weihnachtsschmuck. Es gelang mir auch mühelos, Mamis kunstvolle Gestecke in kürzester Zeit, meinem Geschmack entsprechend, umzuarrangieren.
Es raschelte und klirrte alles so vielversprechend – ich war in meinem Element. Eine lange Kette mit goldenen Glöckchen stach mir besonders ins Auge. Ich schnappte mir das interessante Objekt, zog es aus der Schachtel und schleppte es hinter mir her. Die kleinen Glocken hüpften lustig über den Teppich, und ich watschelte hinaus in den gefliesten Saunabereich, wobei sich der liebliche Klang schlagartig in ein penetrant ratterndes Geräusch verwandelte. Nichts wie weg! Irritiert rannte ich über den Fliesenboden, ohne die Kette aus dem Schnabel zu lassen. Hei, war das ein Getöse!
Die Weihnachtsgesteck-Künstlerin ließ vor Schreck zwei Tannenzapfen und einen goldenen Engel fallen und lachte sich schief.

Oh, du Fröhliche

Meine Brüder waren zu den Großeltern gefahren, um sie für das schönste Fest des Jahres zu uns zu holen. Mami machte sich daran, einen aus meiner Sicht riesigen Baum im Wohnzimmer aufzupflanzen.
Nun hatten wir schon einige baumähnliche Pflanzen im Raum, und ich verstand nicht ganz, warum noch einer dazukam, aber es gibt so manches im menschlichen Verhalten,

was ich nicht ganz begreife. Jedenfalls war meine mir Anvertraute bestens gelaunt, sang fröhlich ein Liedchen zur Melodie, die aus dem Radio kam, und hatte offensichtlich große Freude daran, nun auch noch diesen Giganten dekorieren zu dürfen. Ich ging ihr zur Hand, indem ich die Fäden der Transparentwolle, in der die bunten Christbaumkugeln eingebettet waren, locker im Zimmer verteilte. Als ich dann jedoch Gefallen daran fand, mit den Kugeln Schnabelball (eine Variante von Fußball) zu spielen, gebot mir Mami energisch Einhalt, verfrachtete mich in meine Zimmerbox und verdammte mich zum Zusehen. Schade!

Dann war der „Heilige Abend" da. Die Großeltern begrüßten auch mich gebührend, und mein großer Bruder rief übermütig: „Fröhliche Weihnachten, Stinkiiiii", während er mich hochhob, und sich mit mir im Kreise drehte.

Alle hatten sich besonders fein herausgeputzt, und auch ich bemühte mich, wieder in meine Voliere hineingesetzt, mein Federkleid zu glätten und auf festlich zu trimmen. Ich war noch damit beschäftigt, als mein feines Geruchsorgan Rauch verspürte. Rauch! Alarm! Wo Rauch war, musste auch Feuer sein! Und ich war gefangen in meiner Voliere! Ich sprang hoch und stemmte mich gegen die Drahttüre. Unter Aufbietung all meiner Kräfte rüttelte ich an den goldfarbenen Gitterstäben. Gefangen im goldenen Käfig! Hilfe! Hiiiiilfe! Die Rauchschwaden wurden immer dichter. Ich geriet dermaßen in Panik, dass ich förmlich ausflippte.

„Aus, aus, halt, stooooopp!", schrie meine liebe Adoptierte und eilte herbei. „Du lieber Himmel, DiDi dreht uns durch! Schatz, bitte, geh mit dem Weihrauch hinaus! Sofort die Fenster öffnen!"

Sie holte mich rasch aus meinem Verlies und trug mich auf die Terrasse zum Luftholen. Das also war Weihrauch. Ich wusste nicht, dass es zu Weihnachten Brauch war, die Häuser der Menschen, und auch die Stallungen der Tiere, auszuräu-

chern, um alles Böse fernzuhalten und um Gottes Segen für Gesundheit zu bitten.
Das muss einem doch erklärt werden (aber nicht einmal dann hätte ich begriffen, dass Rauch auch etwas Gutes haben kann). Nachdem die Luft wieder rein war und ich mich beruhigt hatte, konnte der Festabend beginnen.
Die Lichter des Weihnachtsbaumes wurden entzündet, Wunderkerzen warfen ihre gleißenden Sterne, ein Glöckchen bimmelte hell und die Flügel der Türe zum Wohnzimmer wurden aufgetan. Meine Brüder und die Großeltern strömten unter lauten Ah- und Oh-Rufen herein und nahmen ergriffen vor dem Lichterbaum Platz.
Die Musikinstrumente wurden zur Hand genommen, um weihnachtliche Weisen anzustimmen, und die Brüder überboten sich im Vortragen des Weihnachtsevangeliums und stimmungsvoller Episoden und Gedichte. Tief berührt und beinahe zu Tränen gerührt, ergingen sich die Großeltern in Lobeshymnen über das Dargebotene. Es wurde viel und manchmal auch recht schön gesungen. Ich beobachtete das außergewöhnliche Treiben aus sicherer Entfernung und stimmte in den mehrstimmigen Chor mit einem leisen, zufriedenen „Quat, Quat" ein. Später alberte mein großer Bruder mit mir herum, setzte mich in eine leere Geschenkschachtel und trug mich als Spezialpräsent von einem zum anderen. Niki setzte sich ebenfalls in einen Schmuckkarton (diese leeren Behälter zogen ihn immer magisch an), und der größere Bruder meines großen Bruders ließ eine rot-goldene Kordel vor ihm hin und her tanzen, die er zu fangen versuchte. Weihnachten für die Katz'.
Mami strahlte mit dem Christbaum um die Wette. Sie hatte an diesem Heiligabend noch vier Enten dazubekommen: zwei hübsch bemalte kleine Erpel aus Holz von Freundinnen und eine weiße WC-Ente mit bunten Federn von Nachbarn. Die schönste von allen aber war genau mein Ebenbild. Mein großer Bruder hatte in stundenlanger Feinarbeit aus einem Stück

Holz eine fliegende Wildente nachgebildet, die mir verblüffend ähnlich sah.
Mami fiel dem Schöpfer dieses Meisterwerkes um den Hals, und wischte sich ein paar Freudentränen ab, während das kleine Kunstwerk von Hand zu Hand ging und beinahe ehrfürchtig bestaunt wurde. Die kleine Holz-DiDi erhielt einen Ehrenplatz, gleich über dem kleinen Kindchen in der Krippe, dessen Geburtstag ja in dieser Nacht gefeiert wurde.
Als ich dann noch eine extragroße Portion grünen Salat mit einem knackigen Salatherz in der Mitte bekam, befand ich auch, dass Weihnachten ein außergewöhnlich schönes Fest ist.

Bruchlandung

Der Winter war bisher ungewöhnlich mild gewesen. Regenwürmer, meine Lieblingsspeise, waren immer noch zu finden, und die Mücken tanzten in der milden Nachmittagssonne so manchen Disco-Reigentanz. Allgemein wurde gemunkelt, das seien die ersten Auswirkungen der globalen Klimaerwärmung hier bei uns. Ich verstand von diesen Dingen rein gar nichts und freute mich nur über das stetige Nahrungsangebot in meinem Garten.
Als ich aber eines Morgens nach dem lustvollen Durchwühlen des Gartenlaubes wieder den gewohnten Schluck aus meiner flachen Schale nehmen wollte, stieß mein Schnabel auf eine harte, durchsichtige Scheibe.
„Eis, mein Didelchen, nichts geht mehr“, meinte Mami und verschwand im Keller, um für mich frisches Wasser zu holen. Ich eilte zu meinem Gartenpool und sprang hinein. Auch da war diese harte, durchsichtige Scheibe. Ich rutschte auf ihr herum, bis sie an einer Stelle unter mir zerbrach und ich in meinem gewohnten Element landete. Die Wasserfläche war aber so klein, dass ich bald frustriert herauskletterte, um nach-

zusehen, warum meine Adoptierte denn plötzlich so fasziniert die Tischtennisplatte umkreiste. Sie umschlich sie, den Fotoapparat im Anschlag, und murmelte immer wieder: „Phantastisch, wunderbar, großartig, phänomenal."
Das musste ich sehen. Ich lüftete meine Flügel, schwang mich hinunter in den unteren Gartenbereich und landete zielsicher mitten auf der Platte. Besser gesagt ich hatte vor, da zu landen. Die Landeklappen vorschriftsmäßig ausgefahren, die Fersensporen für die Bremsung eingesetzt, schlitterte ich haltlos über die glitzernde Fläche, schoss über den Rand der Landebahn hinaus und stürzte kopfüber hinunter aufs Gras. Fludri-wusch! Klatsch! Wie zum Geier konnte mir das passieren? Ich rappelte mich hoch, schüttelte mein zerzaustes Gefieder und hörte Mami leise schimpfen: „Verflixt, DiDi, jetzt hast du das schöne Kunstwerk zerstört! Nun habe ich über dem Eisblumengemälde deine Kratzspuren."
Ich zupfte verlegen an ihren Schuhbändern, während sie kichernd meinte: „Aber toll, wie du deine Bruchlandung überstanden hast. Jeder Flieger wäre nach so was nur mehr ein Schrotthaufen."

Bravourstück

„Qua-qua-qua-qua-qua!" ließ ich mein durchdringendes Organ erschallen. Ich war ziemlich aufgebracht. Sie hatte mich einfach im Garten stehen lassen und hielt draußen ein Schwätzchen. „Twat, twat, twat ..." Ich erntete von Mami ein beruhigendes „Ja, DiDsie, ich komme gleich!", aber sie kam nicht gleich. „Quä-quä-qua-qua-qua!" Mein zweiter Aufruf. Nichts. Sie geruhte nicht zu erscheinen.
Stattdessen plauderte sie seelenruhig weiter mit dem Großvater des kleinen Jungen, dessen piepsig-hohe Stimme mich immer so faszinierte. „Qua-qua-qua-qua-qua-qua!" Diesmal noch

lauter, noch eindringlicher – unüberhörbar. Warum kümmerte sie sich nicht um mich? Wo blieb sie nur so lange? Nicht dass ich etwa eifersüchtig war, aber es war an der Zeit, einmal nachzusehen.

Ein Schiff, das im Hafen liegt, ist sicher, aber dafür werden Schiffe nicht gebaut, und Wildenten wurden nicht geschaffen, um immer nur am Boden zu bleiben. Außerdem meine ich: Wenn man mit beiden Beinen zu sehr auf dem Boden bleibt, kann man nie über seinen Schatten springen.

„Quä-quä-qua-qua-qua-qua-qua!" Mein allerletzter Aufruf. Im Prinzip sollte man überlegen, ob man Worte, bevor man sie ausspricht, nicht lieber gleich durch Taten ersetzen kann. Also schritt ich, frei nach dem Motto „Lass deine Taten für dich sprechen", zu ebensolcher, denn: „Wer die Welt bewegen will, sollte erst sich selbst bewegen." Und wie ich mich bewegte.

„DiDi, hier bin ich doch", hörte ich sie noch rufen – zu spät! Ich war im steilen Winkel hochgezogen, und war unsereins erst einmal in Schwung, war an eine rasche Kehrtwendung nicht mehr zu denken. Immerhin erreichen wir eine Geschwindigkeit bis zu einhundert Stundenkilometer.

So schnell war ich zwar noch nicht, als ich die Straße entlang den Berg hinunterflog. Mit den Autos aber konnte ich locker mithalten und sie sogar überholen. Ich ließ diese Blechkisten wie die oft zitierten „lahmen Enten" aussehen, da sie nicht schneller als 30 Stundenkilometer fahren durften. Ich aber unterlag keiner Geschwindigkeitsbeschränkung.

Dann gewahrte ich in der Ferne den bekannten Kinderwagen und hörte ein vertrautes, liebliches Stimmchen. Zielsicher steuerte ich darauf zu und landete, die Straße als Runway benutzend, denn die war, meines Erachtens, breit genug für Enten und Autos. Was ich nicht bemerkt hatte, war groß und schwarz und genau zwischen den am Straßenrand geparkten Autos.

Das Szenario spielte sich folgendermaßen ab, wie Mami später, in einem Anflug von Theatralik, schaurig-schön erzählte:

Sie war mir auf dem Gehsteig, laut rufend, nachgerannt. Ihr vormaliger Gesprächspartner, ein hochgewachsener, honoriger Polizeioberst in Ruhe, hatte sich dicht an ihre Fersen geheftet. Dann beobachtete sie, noch weit von mir entfernt, meine Landung. Sie schrie vor Entsetzen auf, als sie mit ansehen musste, wie sich ein großer schwarzer, langhaariger Hund auf mich stürzte.

Das schien nun mein Ende. Ihr letztes Minütchen ist gekommen – und ich kann meinem kleinen Schatz nicht beistehen, durchzuckte sie der schmerzliche Gedanke. Aber weit gefehlt – ich war vom plötzlichen Auftauchen des Fellträgers bloß überrascht und hopste flügelschlagend hoch. Der große schwarze Zottelige war ebenso überrascht und sprang, erfreut mich zu sehen, auf mich zu. Sein Frauchen aber unterband seine temperamentvolle, freundliche „meet and greet"-Absicht kurzerhand mit einem raschen, energischen Griff an sein Halsband.

Aus, Schluss, das war's! Wieder nichts mit einem gemeinsamen Spielchen. So watschelte ich eben meiner zu Tode erschrockenen Adoptierten und ihrer Laufbegleitung mitten auf der Straße fröhlich entgegen. Mami hatte, auf dem Weg zu mir, die Autofahrer per Handzeichen zum Anhalten bewegen können. Nun wartete eine kleine Autokolonne, bis ich von meiner vor Schreck Erbleichten in die Arme genommen wurde.

Das war vielleicht ein „malheurisierendes" Geschnatter und Getue um meine Person. Ich verstand die ganze Aufregung nicht. Jedenfalls war die Gattin des Polizeioberst in Ruhe stolz auf ihren Mann und voll des Lobes über seine außergewöhnlich sportliche Leistung und Kondition. So hatte mein Ausflug doch sein Gutes gehabt: Ich hatte Mamis Mitläufer zu einer dicken Belobigung verholfen.

Goldenes Wienerherz

Ich hatte Geschmack daran gefunden, die Welt zu erkunden – oder zumindest die nähere oder ein bisschen weitere Umgebung. Wieder einmal erstattete Mami eine DiDi-Abgängigkeitsanzeige bei den verbliebenen Familienmitgliedern. Alle schwärmten aus, um mich zu suchen. Der große Weißschopf, diesmal ohne Qualmholz, zog es allerdings vor, von der Terrasse aus den Status eines Beobachters einzunehmen, und Niki war einfach zu faul und räkelte sich lieber auf dem weichen Polster der Sitzbank, in den ersten, wärmenden Sonnenstrahlen des sich ankündigenden Frühlings.

Aber sonst herrschte hellste Aufregung – zumindest bei meiner lieben Adoptierten. Sie hatte gerade noch mein Abstreichen über die nordseitige hohe Hecke bemerkt, und auf der Nordseite unseres Hauses lag die Straße. Alarm!

Ich sah darin eigentlich keine wirkliche Gefahr, denn bei jeder Landung auf der Fahrbahn war bisher irgendein freundlicher Mensch zur Stelle gewesen, der die Blechkisten aufhielt, um mir den Vortritt zu lassen. Sogar ein großer Brummer hatte mir Respekt gezollt und sich von einer netten, umsichtigen Nachbarin anstandslos stoppen lassen.

Ich landete diesmal auf dem Gehsteig. Da sich keine bessere Deckung anbot, schlüpfte ich unter die am Straßenrand geparkte, große gelbe Blechkiste der Post. Natürlich dauerte es nicht lange, bis mich meine mir Anvertraute entdeckt hatte. Sie gab dem hinter dem Lenkrad sitzenden Postangestellten mittels Handzeichen zu verstehen, dass sich unter seinem Wagen irgendetwas tat. Er hatte nur Fragezeichen in den Augen. Dann pirschte sie sich von der Straßenseite heran und versuchte, mich unter dem Auto hervor auf den Gehsteig zu scheuchen. Folgsam wie ich nun mal war, glückte das Unternehmen, und ich watschelte flott auf dem Trottoir, knapp von ihr verfolgt, in Richtung Haus.

Eine kleine Autokolonne zog langsam an uns vorbei. Plötzlich hielt ein Fahrer an und rief lachend aus dem offenen Fenster in Mamis Richtung: „Na, net schlecht, rennan's eahnan Nachtmahl nach?"

DiDi-Duck-Sitterin

Meine Lieben wollten zum Skifahren. Das sagte mir zwar nichts, aber es hatte offensichtlich mit den bunten, langen Brettern, die im Keller lagen, zu tun, denen Mami augenscheinlich große Bedeutung beimaß, weil sie sich so eingehend damit beschäftigte. Daher fühlte auch ich mich bemüßigt, diese seltsamen Geräte zu inspizieren.
„Und was machen wir mit unserer Ente?", fragte der große Weißschopf.
„Mitnehmen, ich rutsche mit ihr über die Skipisten", war mein großer Bruder sofort Feuer und Flamme für seine tolle Idee. „Ja, unsere Quartiergeberin hat sicher nichts dagegen", meinte er begeistert. „Aha, und wenn DiDi müde ist, steckst du sie einfach in deinen Rucksack. Das Dumme ist nur, wenn du beim Sesselliftfahren vergisst, den Rucksack nach vorne zu geben, dann ist sie ein Omelette", gab sein noch größerer Bruder trocken von sich.
„Ich bin doch nicht so ungeschickt wie du, der sich jedes Mal seine Kamera und all das andere Zeug, das du immer mitschleppst, in den Rücken rammt", konterte der Jüngere.
Mami stand grinsend daneben und lauschte dem infantilen Verbalschlagabtausch.
„Macht euch keine Gedanken, das ist längst organisiert: DiDi bekommt eine eigene Duck-Sitterin, und nebenbei versorgt sie auch unseren Niki", fügte sie hinzu.
Ich durchlebte ein Wechselbad der Gefühle: Einerseits ärgerte mich die Vorstellung, einer fremden Person ausgeliefert zu

sein, andererseits fühlte ich mich geehrt, dass man für mich diesen Aufwand betrieb.
Um mich abzureagieren und Klarheit in meine Gedankenwelt zu bekommen, schenkte ich meine ganze Aufmerksamkeit dem grob zerpflückten Salatblatt in meiner Wasserschale in der Küche. Energisch schüttelte ich es, um es zu zerkleinern. Wassertropfen spritzten, und auf dem Fliesenboden bildeten sich kleine Lachen, als meine liebe Adoptierte sich näherte und beruhigend meinte: „Na, du kleine Salatschleuder, keine Sorge, das kriegen wir schon hin."
Als es dann tatsächlich so weit war und ich der hübschen jungen Frau, mit ihren prachtvollen, langen dunklen Haaren, dem heiteren Gemüt und dem sonnigen Lächeln, von Angesicht zu Angesicht gegenüberstand, empfand ich sofort so etwas wie tiefe Sympathie und fühlte mich bei ihr gut aufgehoben.
Da sie bei uns im Hause Gast war, hatte ICH automatisch das Sagen, sie tat, was ICH wollte, und unser Zusammenleben klappte daher vortrefflich.

Luca

Wieder einmal tat sich etwas Außergewöhnliches vor unserer Gartentür. Eine der Blechkisten, die tagein, tagaus den kleinen Berg hinauf- und hinunterrollen, war in unsere kleine Zufahrtsstraße eingebogen und hielt vor unserem Domizil. Dann kam eine zweite hinzu und eine dritte. Die Motoren wurden abgestellt und junge Leute entstiegen ihren Gefährten; ein Stimmengewirr von hellen, zarten Tönen, in die sich dunklere, sonore, kräftige mengten, Lachen, Kichern, unterbrochen von Hundegekläffe, zuschlagenden Autotüren, und dem Knirschen rollender Gepäckstücke.
Da musste ich dabei sein! Ich zwängte mich zum Gartenzaun, unter die schützende Fichtenhecke, und verfolgte inte-

ressiert das lustige Getue. Der noch größere Bruder meines großen Bruders war im Begriff abzureisen. Er fuhr mit den fröhlichen Jungdamen und -herren zu einem Kongress. Ob der schwarz-weiße Kläffer wohl auch mitdurfte?
Mami schleppte ebenfalls einen Rucksack heran und begrüßte die fröhliche Gesellschaft. Sofort war sie mit der Besitzerin des langmähnigen Schwarz-Weißen in ein intensives, fachliches Gespräch vertieft. Klar, sie hatte noch immer ihre Vorliebe für Hunde und auch sofort gecheckt, dass dieser hier zur Rasse der Border Collies gehörte; sehr nützlich, wenn man eine große Schafherde besitzt, die man zusammentreiben möchte. Hier allerdings war keine Schafherde, sondern nur eine kleine Menschenherde.
Auch hier war er augenscheinlich sehr gewissenhaft und pflichtbewusst, denn er umkreiste sein Menschengrüppchen ständig und ununterbrochen bellend. Ab und zu ertönte ein etwas zu sanftes „Luca, komm her. Ruhig! Platz!“, aber das nahm er nicht wirklich ernst und wieselte weiterhin munter zwischen Menschen, Koffern, Taschen und Wintersportgeräten umher. „Eigentlich ist er auf Geflügel dressiert“, meinte sein Frauchen. Bei Mami schrillten sofort die Alarmglocken! Mit einem Sprung war sie bei der Gartentür und ließ sie mit einem schnellen Ruck ins Schloss fallen. Peng! Gerade noch mal gut gegangen! Aber damit hatte sie erst recht Lucas Aufmerksamkeit geweckt. Er sprang interessiert in Richtung Zaun und hatte sofort Witterung von mir aufgenommen. Jetzt gab's kein Halten mehr. In höchster Erregung versuchte er, seine Schnauze durch das Maschengitter zu zwängen, und die kräftigen, krallenbesetzten Pfoten scharrten so wild im Erdreich an der Zaungrenze, dass ihm das welke Laub nur so um die Ohren flog. Dabei stieß er hysterisch jaulende Laute aus.
Verständnislos sah ich dem verrückten Treiben eine Weile zu. „Es gehört zur Weisheit, gelegentlich ein bisschen verrückt zu sein“, lautet ein kluger Spruch. Dieses Getöse war ja auch

irgendwie drollig. Aber dann hatte ich genug davon. Der Bursche gehörte in seine Schranken gewiesen.
Wie der sich gebärdete, war ja direkt peinlich, auf jeden Fall aber albern. Als er seine Nase, schwarz, feucht und glänzend, direkt vor mir durch den Maschendraht steckte, schnappte ich zu. Ein kurzes Aufjaulen – und dann war Ruhe. Sein wehleidiges Winseln ging im Gelächter der jungen Leute unter.

Peking- oder Mandarinente?

Winterzeit war bei meiner Familie die Zeit intensiver Saunabesuche. Meinen Familienmitgliedern, die ich ansonsten gut riechen konnte, haftete aber plötzlich ein seltsamer, fremdartiger Duft an.
Als sich Mami meiner Wohnzimmer-Kuschelbox näherte, war ich erstmals total irritiert. Was zum Hecht war das denn bloß? Das war nicht der vertraute, zarte Hauch von „Voile d'ambre", der so gut zu ihr passte und den ich so schätzte, dass ich ihr hin und wieder ein schnäbelndes Küsschen auf die Ohrläppchen drückte, nein, sie umhüllte diesmal eine widerliche Duftwolke. Pfui, wie ich diesen neuen Geruch verabscheute! Er brachte mich völlig aus der Fassung, und ich reagierte deswegen ablehnend, ja, förmlich aggressiv auf ihre ausgestreckte Hand. Als mich ihre Finger berührten, war ich dermaßen angeekelt, dass ich mich einfach zur Wehr setzen musste.
„Ja, hallo DiDi, erkennst du mich nicht? Ich bin's, Pipilein. Was ist denn in dich gefahren? Bist du von allen guten Geistern verlassen oder von einem wilden Schwan gebissen? Ob das wohl an dem ‚Chinaöl' liegt", überlegte sie laut und starrte mich fassungslos an.
China! Beijing – Peking! Pekingente! Ich wusste, warum ich diesen Duft hasste. Wenn schon China, dann nur meinen geliebten Chinakohl.

Winterzeit war auch die Zeit der Mandarinen. Mein großer Bruder und Mami liebten diese Früchte. Irgendwann war ihr ein Stückchen davon auf den Küchenboden gefallen und ich kostete davon. „Quikerli-quak", welch ein Geschmack! Eine richtige Delikatesse. Ich konnte gar nicht genug davon bekommen. In den nächsten Wochen teilte meine liebe Adoptierte stets jede Frucht mit mir. Geteilte Freude ist nun mal doppelte Freude. Sie amüsierte sich königlich darüber, dass ich beim bloßen Anblick der orange leuchtenden Gaumenfreude in ihrer Hand und dem Zuruf „Na, essen wir wieder was zusammen?" schnellstens in die Küche gewieselt kam und es kaum erwarten konnte, bis der kleine sonnengelbe Ball geschält wurde. Ungeduldig wippte ich mit dem Kopf auf und ab, hoch und nieder (mein großer Bruder und sein noch größerer Bruder nannten mich deswegen „Disco-Duck") und stieß ein sehnsüchtiges „Gigigigigi-quie, quie, quie" aus.
Genauso wie es im Herbst die köstlichen Weintrauben aus unserem Garten gewesen waren, schmeckten mir jetzt eben diese wunderbaren Zitrusfrüchte. Ich liebte Mandarinen, obgleich ich deswegen nicht zur Mandarinente mutierte.
Nur Mami wunderte sich, wie es denn so etwas geben konnte. Irgendwie – genetisch bedingt oder evolutionsmäßig betrachtet – ein Kuriosum. Eine Wildente, der Gattung der Stockenten zugehörig, aus Kärnten, liebt Mandarinen, wo doch in dieser Gegend keine Zitrusfrüchte gedeihen. Wie war das möglich? Nachdenklich und versonnen sah sie mir zu, wie ich die kleinen, saftigen Stückchen genussvoll und laut schmatzend verschlang.
Dabei fiel ihr Blick auf das Bild ihres verstorbenen Vaters. Zu ihm hatte sie Zeit seines Lebens, auf Grund einer Seelenverwandtschaft, ein besonders inniges Verhältnis. Auch er hatte dereinst Wildenten gehalten (sie hatten ihn allerdings nicht adoptiert, eher umgekehrt), und er hatte Weintrauben und Zitrusfrüchte geliebt – ganz besonders Mandarinen.

Schulausflug

Obzwar meine Spezies nicht gerade zu den Zugvögeln gehört, bilde ich da eine Ausnahme: In regelmäßigen Abständen ziehe ich mit meiner Familie von Nord nach Süd – und umgekehrt. Die Jahreszeit und die Witterung spielen dabei keine Rolle.

Wir waren wieder einmal zu Besuch bei Mamis Mutter. Ich glaube, ich habe bereits erwähnt, dass ich kein Fan langer Autofahrten bin. Die Enge in dieser Blechkiste ging mir, zumindest tagsüber, immer gehörig auf die Nerven, was ich mit einem zwanzig- bis dreißigminütigen lauten, ununterbrochenen „Pit-pit-pit-pit-pit-pit-pit" zum Ausdruck brachte. Dafür reichte mein Atem allemal. Ich wurde nicht einmal heiser davon.

Die Nerven meiner Mitfahrer wurden aber dadurch ordentlich strapaziert. Dagegen halfen entweder nur Kopfhörer, die sich mein großer Bruder überstülpte, oder Musik aus dem Autoradio. So reisten wir als rollende Disco in den Süden. Aber immerhin gab es, wenn mir Mami ein Wasserschälchen reichte, meinerseits auch einige ruhige Minuten dazwischen.

Froh, aus dem blechernen Gefängnis befreit zu sein, lief ich über Omas große Wiese. Zwei grau-braune Tauben hoben vom Nachbardach mit einem sanften „Grrruu-grrruu" ab und strichen zu einer Weide, die ihre langen, rutenartigen Zweige dramatisch bis zum Boden baumeln ließ, knapp gefolgt von zwei schwarz-weiß gefiederten Elstern, die ein lautes „Gäck-gäck-gäck-gäck" von sich gaben.

Da ich sowieso meine Schwingen lüften wollte, betrachtete ich das als Aufforderung, es ihnen gleichzutun. Völlig ENTfesselt zog ich an meiner ENTgeistert dreinblickenden Mami vorbei. Ich war ihr ENTflogen, ENTschwunden, ENTrückt – und sie darob nicht gerade ENTzückt. (Es gibt erstaunlich viele „Enten"-Wörter ...)

Ich legte eine butterweiche Landung auf dem Sand der Sportbahn in der weitläufigen, parkähnlichen Grünanlage der Landesberufsschule hin. Na bitte! Neugierig blickte ich mich um. Bis meine liebe Adoptierte kam, um mich abzuholen, konnte ich in Ruhe das neue Terrain erforschen. Die beiden Tauben waren mit sich in der Weide beschäftigt und die Elstern rumorten in der Silberfichte.
Dann tauchte meine mir Anvertraute, laut nach mir rufend, in der Ferne auf. Ich watschelte gemütlich in ihre Richtung. Ein hoher Zaun trennte uns voneinander. Als sie meiner ansichtig wurde, gab sie sich entrüstet: „Du witziger Vogel, was fällt dir denn ein? Heute ist Sonntag, und die Schule ist geschlossen. Für eine Besichtigung musst du dir schon einen anderen Tag aussuchen. Auch das Eingangstor hier ist verschlossen. Was jetzt, meine Liebe? Du wirst doch nicht annehmen, dass ich wegen dir über den hohen Zaun klettere. Komm gefälligst her, damit ich dich irgendwie herüberhieven kann!"
Ich hörte ihr Herumgebrabbel, hatte aber keine Eile, da sie ohne mich sicher nicht weggehen würde. Und wenn ich nun schon einmal da war, musste ich die Rasenpolster genau untersuchen und herausfinden, ob sich nicht das ein oder andere Würmchen darunter verbarg. Ich konnte ja nicht ahnen, dass Mami wie auf glühenden Kohlen stand, weil ihre Mutter mit dem Mittagessen wartete; sie konnte ziemlich sauer werden, wenn dies nicht in noch dampfendheißem Zustand verzehrt wurde.
Nun wiederum war meine liebe Adoptierte sauer auf mich. „Verflixt noch einmal, du Zwetschkenkrampus, jetzt komm endlich her zum Zaun! Was bleibt mir übrig? Muss ich wohl nach Hause, um Salat zu holen, damit ich dieses Vieh ranlocken kann."
Die letzten Sätze hatte sie mehr zu sich selbst gesprochen. Dann sah ich nur mehr ihre Kehrseite. Sie ging einfach fort und ließ mich hier stehen. Das konnte nicht ihr Ernst sein. Ich erhob

mich, segelte über den Zaun und landete auf der kleinen Straße vor Omas Haus. Gerade kam meine mir Anvertraute die Stufen herunter, mit frischen Salatblättern in der Hand.
„DiDiliezchen, mein braves Schnabeltier, da bist du ja wieder“, rief sie hocherfreut und meinte dann: „Tja, die meisten Probleme lösen sich von selbst, man darf sie nur nicht dabei stören.“

Weltherrschaft

Eines Abends gesellte sich der noch größere Bruder meines großen Bruders zu Mami in den Keller, während sie gerade emsig beschäftigt war, mein Nachtlager herzurichten.
Er, ein begeisterter Science-Fiction-Leser, sah interessiert zu, wie sie eine Zeitungspapierlage um die andere, sorgfältig überlappend, aufbreitete. Es waren die unterschiedlichsten Tageszeitungen, die sie aus dem großen Papiercontainer unserer Siedlung besorgt hatte. Dabei achtete sie nicht darauf, welche Gazette es war, sondern nur das Format war entscheidend. Je größer, desto besser. Am besten so griffig und riesengroß wie kleine Bettlaken. Dafür eigneten sich wohl einige österreichische Blätter, aber noch besser waren eine Schweizer Zeitung, eine spezielle deutsche Ausgabe, eine amerikanische, und auch eine französische. Englische und skandinavische waren ebenfalls hervorragend als „Unterstreu“ zu gebrauchen.
Hin und wieder fiel ihr Blick kurz auf eine Schlagzeile, und ab und zu kam es vor, dass sie einen interessanten Beitrag überflog. Manchmal verharrte sie kurz – und einmal meinte sie kopfschüttelnd: „Ja, ja mein lieber Entenschatz, wir haben gelernt, wie die Vögel zu fliegen und wie die Fische zu schwimmen, aber wir beherrschen noch immer nicht die Kunst, wie liebevolle Brüder und Schwestern miteinander zu leben ...“
Ein anderes Mal hatte sie beim Anblick einer auf der Titelseite abgebildeten Rakete nachdenklich gemeint: „Dasselbe

Wissen und die Kräfte, die es uns ermöglichen, zu den Sternen zu fliegen, versetzen uns auch in die Lage, unseren Stern zu vernichten."

Zu viel Zeit nahm sie sich aber für die Zeitungsartikel nie, denn sie war mit wichtigeren Dingen als unaktuellen Nachrichten beschäftigt. In dieser schnelllebigen Zeit war manch Aktuelles in der Morgenzeitung am Abend zumeist sowieso schon wieder „Schnee von gestern".

Aufmerksam also beobachtete sie der noch größere Bruder meines großen Bruders und meinte mit verschwörerischem Blick: „Ich wette, dass DiDi all diese Zeitungen jede Nacht liest, sich informiert und weiterbildet, um dann eines Tages die Weltherrschaft zu übernehmen ..."

Herbstzeit

Was war das? Über Nacht hatte sich unser Garten
in ein einheitlich kühles Weiß gehüllt.

Brrrr, war das kalt.

Das eintönig weiße Zeug schmeckte auch genau so wie es aussah.

Auf meiner Trinkschale lag eine eisige, harte Scheibe.

Watschel-Watschel – Hinhocken – Watschel-watschel – Hinhocken ...

Ob sich da wohl noch ein Käfer für mich verborgen hält?

Oh du fröhliche Weihnachtszeit: Was es da alles zu bestaunen
und zu arrangieren gab!

EIN FROHES, GESEGNETES WEIHNACHTSFEST

UND

GESUNDHEIT, GLUECK UND ERFOLG FUER

2007

WUENSCHT HERZLICHST

Ich versuchte mich im Eislaufen

Mami und ich beim Arbeiten an meinem Buch

Der schwarze „Kastro“ platzierte sich inmitten von Mamis Bildergalerie und forderte seine Streicheleinheiten.

Ich kontrolliere ihre Ski, ob die Bindung auch wirklich funktioniert.

Prachtvolles Farbenspiel von violett über smaragdgrün bis hin zu rosé

Bei Oma durfte ich
in die Badewanne!

Vor dem TV-Gerät bei meiner Lieblingssendung „Universum“

Mein großer Bruder nahm mich auch zum Schlagzeugspielen mit – mir gefiel es!

Erster Attentatsversuch

Meine Familienmitglieder waren zu einem Fest bei Freunden geladen. Nur Niki und ich mussten zu Hause bleiben, diesmal im wahrsten Sinne des Wortes. Nicht wie üblich draußen im Garten, nein, drinnen, im Haus. Mami meinte, dass es diesmal später werden könnte und sie nicht wüsste, ob sie vor Einbruch der Dunkelheit zurück wäre. Dann faselte sie etwas davon, dass es für mich des Nachts draußen zu gefährlich sei, weil Marder herumschleichen würden.
Quakerli-quack! Ich, als ausgebildete Kampfente, hatte doch vor nichts und niemandem Angst und würde es mit allen Animalischen aufnehmen, so dachte ich. Aber mein leichtes Protestieren nützte nichts, ich musste in den Keller. Ich hatte zwar den geräumigen, hellen Sauna-Relaxing-Raum zur Verfügung, mit eigenem Indoorswimmingpool, aber so richtig happy war ich nicht. Mami versuchte, den Raum mit ausgebreiteten Zeitungen und Tüchern gemütlich zu gestalten und stellte mir eine Unmenge an Futter hin. Doch dann war sie weg und ließ sich auch den ganzen Tag nicht mehr blicken. Auch die anderen Familienangehörigen blieben verschwunden. Stille im ganzen Haus. Ich lauschte angestrengt – nichts. Gähnende Langeweile. Ich aß und schlief abwechselnd, und zwischendurch nahm ich ein Bad. Es rührte sich nichts. In meiner Verzweiflung fraß ich alles auf und versuchte sogar ein kleines Stückchen von den matschig gewordenen Zeitungsblättern. Brrrr, grauenhaft.
Die Sonne sank, im Raum wurde es dunkel. Ich beschloss, die Wartezeit mit einem ausgiebigen Schönheitsschlaf zu verkürzen. Keine Ahnung, wie lange ich geschlafen hatte, aber plötzlich wurde ich von herannahenden, mir so vertrauten Schritten geweckt. Die Tür ging auf, der Raum wurde in helles Licht getaucht – qui-qui-quakerli-qua –, sie war wieder da! Mit freudigem Geschnatter erzählte ich ihr die Unvor-

kommnisse des langweiligsten Tages meines Lebens und fügte noch eine kleine Beschwerde hinzu.
„Hallo, mein kleiner Entenschatz, mein Entenschwatz, hast du den Raum ordentlich verwüstet?"
Sie hob mich lächelnd hoch und trug mich hinauf in die Küche, wo einige Köstlichkeiten als Entschädigung auf mich warteten. Nach der Sättigung verlangte ich stürmisch und vehement Ausgang. Ich patrouillierte vor der verschlossenen Terrassentür auf und ab, klopfte energisch an die Glasscheiben und schnatterte meiner Familie die Ohren so lange voll, bis Mami sich erweichen ließ und mich mit einem „Na gut, du Quälgeist, aber nur auf die Terrasse, weiter nicht!" entließ. Sie schaltete die Außenbeleuchtung ein und ließ die Tür weit offen. Dann ging sie zurück in die Küche, um sich selbst ein Abendbrötchen zu genehmigen. Ich stocherte und plätscherte zufrieden in den mit Wasser gefüllten Untertassen der großen Pflanzen und war dermaßen vertieft und konzentriert in meine Tätigkeit, dass ich alles um mich herum vergaß.
Erst ein gellender „Caramba!-Verdammt-noch-einmal!-Weg mit dir!-Schschscht!-Verschwinde-du-Untier!"-Aufschrei ließ mich hochfahren. Was? Wie? Wer? Wo? Warum war meine liebe Adoptierte denn so außer sich? Noch ehe ich wusste, wie mir geschah, riss sie mich hoch, war mit einem Sprung im Wohnzimmer und verriegelte hastig die Tür.
Die Familie war neugierig herbeigeeilt und bekam dann folgende kleine Horrorgeschichte aus dem Entengruselkabinett geschildert: Ohne dass ich ihn bemerkt hatte, konnte sich ein ausgewachsener Edelmarder bis auf einen knappen Meter an mich heranschleichen und wartete geduckt und sprungbereit auf seine Chance.
„Das gibt's doch nicht! Meinem süßen Riiitzibitzi auflauern. Dieser Teufel! Na warte Bursche, wenn ich dich kriege!"
Mein großer Bruder war richtig in Rage, und bedachte den Bösewicht noch mit einem imaginären Durchfallfluch. Auch die

anderen meinten entrüstet: „Diese Viecher haben überhaupt keine Scheu, keinen Respekt mehr. Nicht genug, dass sie des Nachts auf und in den geparkten Autos ihr Unwesen treiben und die Kabelschläuche durchbeißen, auf den Flachdächern unserer Häuser ihre verspielten Hetzjagden abhalten (einer dieser Kobolde hatte durch das Badezimmerfenster sogar Mami beim Zähneputzen zugeschaut – ganz schön indiskret), jetzt kommen sie sogar schon auf die hell beleuchtete Terrasse! Wir dürfen DiDi um diese Zeit nicht mehr aus den Augen lassen."
Und ich hatte von all dem nichts mitbekommen! Während sich meine Familie noch aufgeregt über den versuchten Anschlag auf mein Leben unterhielt, schlug ich mir in der Küche völlig unaufgeregt den Wanst voll.

Eierei

Die kalte Jahreszeit war nun endgültig vorüber und der Frühling lag in der Luft. Wenn ich mit meiner lieben Adoptierten durch den Garten flanierte, gaben uns meistens Meisen, Rotkehlchen, Zaunkönige oder die ansonsten überaus scheuen, wunderschönen Nuss- oder Eichelhäher Geleit.
Weil ICH Menschen als meine Ansprechpartner betrachtete, hatten auch sie bemerkt, dass von dieser Seite keine Gefahr drohte und damit ihre Angst verloren. Wir hatten sie auch brav durch den Winter gefüttert, und nun bedankten sie sich mit munterem Gezwitscher und intensiven, ausdruckvollen Sangeskünsten. Man konnte direkt neidisch werden.
Ich hatte mich dafür aber zur eindrucksvollsten Wildenten-Beauty des Schafberges gemausert, strotzte vor Gesundheit, Tatendrang und Frühlingsgefühlen, und – ich legte mein erstes Ei. Lange vor dem Ereignis hatte ich mich schon anders verhalten als sonst. Mami stand ratlos und mit zwei großen Fragezeichen in den Augen vor mir, als ich mich vor ihren

Füßen, flach wie eine Flunder, auf den Boden duckte und ein leises, aufforderndes „Gigigigi, putputputput, gigigigi" von mir gab.
Sie wollte schon an mir vorbeigehen, da erwischte ich sie am Hosenbein und hielt sie fest. „Nanu, DiDi, was soll das denn werden?", fragte sie kopfschüttelnd.
Und weil wir schon beim Schütteln waren, rüttelte ich an ihrem Beinkleid und zupfte und zerrte mit Nachdruck. Immer noch keine Reaktion ihrerseits. Wie schwer von Begriff war sie eigentlich? Wieder ein zärtliches „Gigigigi, putputputput" meinerseits, und dann zwickte ich sie sanft, aber mit Nachdruck in den Fuß.
„Aua, spinnst du, DiDsie?"
Von wegen, ganz im Gegenteil. Ich war verliebt und paarungsbereit. Das war alles. Und sie erkannte das nicht oder wollte es nicht erkennen und zierte sich. Meine mir Anvertraute hatte nur nicht mit meiner Beharrlichkeit gerechnet. So einfach entkam sie mir nicht. Wieder und wieder forderte ich sie auf, und endlich begriff sie, was ich wollte.
Mich sanft vom Schnabel bis zum Schwänzchen kraulend und streichelnd, meinte sie, immer noch verwundert: „Du bist ein verrücktes Federvieh, und ich bin zwar ein komischer Vogel, aber leider kein Erpel-Ersatz. Also das wird wohl nichts werden mit einer richtigen Liebesbeziehung. Aber wenn du mit diesen Streicheleinheiten zufrieden bist, soll's mir recht sein, damit kann ich mich zur Verfügung stellen."
Na also, mehr verlangte ich auch nicht. Ich schüttelte kurz meine Federn auf, lüftete meine Flügel, und wenige Tage später lag mein erstes Ei, schneeweiß und wunderschön, in meiner Nacht-Voliere im Keller. Meine Familienmitglieder staunten nicht schlecht, und meine mir Anvertraute war begeistert. Ich war stolz auf mich. Nun konnte ich ernsthaft zum Familienerhalt beitragen, was Niki in all den Jahren noch immer nicht gelungen war. Die Familie weigerte sich standhaft, sei-

ne hin und wieder dargebotenen Mäuse zu essen, und er erntete höchstens einen strengen Blick, wenn er, selten aber doch, stolz ein mühsam erjagtes Vögelchen anschleppte. Als er deswegen ein rotes Halsband mit Glöckchen angelegt bekam, war's auch damit vorbei.

Jetzt also hatte ich Niki gegenüber die Nase, besser gesagt den Schnabel vorn. Es folgte eine überaus produktive Phase. Mehrmals täglich bekam ich aus heiterem Himmel, aber besonders dann, wenn meine liebe Adoptierte in der Nähe war und ich noch dazu Wasser plätschern hörte, zärtliche Gefühle. Dann eilte ich schnurstracks vor sie hin, um mit einem verlangenden „Put-put-put" einige Liebkosungen einzuholen. Sie war mein verlässlicher Partner geworden, der jedoch hin und wieder an seine Pflicht erinnert werden musste. Wenn sie nicht sofort auf meine Bedürfnisse einging, zwickte ich sie auffordernd und ermunternd, wo immer ich sie gerade erwischte, bis ich meine Streicheleinheiten bekommen hatte. Sie schmückte zwar der eine oder andere rote oder blauviolette Fleck, aber dafür bekam sie täglich ein frisches Ei, das ich phantasievoll im Garten versteckte, jeden Tag an einem anderen Platz. Manchmal scharrte ich kleine Mulden dafür und bedeckte mein Fabrikat mit dürren Blättern.

Dann wiederum machte ich nicht viel Aufhebens darum und legte es einfach ins Gras. Auch in meinen Swimmingpool versenkte ich einige. Wenn ich es besonders eilig hatte, ließ ich das Ei sogar auf den Fliesenboden im Keller fallen. Es hatte zwar eine kleine Delle, war aber nicht kaputt. Ich lieferte eben nur unübertreffliche Qualitätsprodukte. Einmal gelang es mir sogar, mein kleines Kunstwerk während einer Autofahrt in meine Reisebox zu platzieren. Nichts konnte mich daran hindern. Niemand konnte meinen Produktionseifer stoppen.

Ostern stand vor der Tür, und ich verhalf Mami und meinem großer Bruder zu so manch spannender Ostereiersuche. Fleißig wie ich nun einmal war, zog sich diese über Wochen hin. Das

heißt, eigentlich dehnte sich das Eierversteckspiel, abgesehen von kurzen Pausen, über das ganze Jahr hinweg aus.
Ein einziges Mal fertigte ich auf der Terrasse so etwas wie ein Nest an, zwischen den prächtigen Topfpflanzen, und legte an drei darauffolgenden Tagen meine schönen, zarten Kalkgebilde hinein. Ich zupfte dürre Efeublätter ab und bedeckte das Gelege sorgfältig. Dann kümmerte ich mich aber nicht mehr darum. Darauf sitzen zu bleiben, fiel mir gar nicht ein, denn irgendwie checkte ich instinktiv, dass daraus wohl niemals kleine DiDis werden konnten.
Die bevorstehende Eiablage kündigte ich aber immer mit außergewöhnlichen Lauten an, die einem dunklen „Quarrrr-quorrr-gock-gock-quarrr-quorrr" gleichkamen. Mein großer Bruder kommentierte es so: „Die Eierei ist schon wieder im Gange."

Nudelklau

Der Frühling brachte wunderbare Regengüsse mit sich, gut für den Garten und besonders gut für mich. Da war sie wieder – die Zeit der Regenwürmer und Schnecken, die schönste Zeit für mich.
Unser Grünrefugium war leider sehr schnell schneckenfrei. Entengott sei Dank liebte meine mir Anvertraute Gartenarbeit. Es gab immer etwas zu tun. Am meisten interessierte mich ihre Pflanztätigkeit. Wenn ich sie mit dem Spaten oder der kleinen Gartenschaufel kommen sah, stand ich schon „bei Fuß". Das traute man sonst nur gut trainierten Hunden zu. Quakerli-qua, man tut eben, was man kann, um dem Hundewunschbild gerecht zu werden.
Wenn sie den ersten Stich in die Erde tat, war ich sofort zur Stelle, stürzte mich in die Mulde und sammelte mit Feuereifer all die kleinen und großen proteinhaltigen Leckerbissen und blockierte Mamis Tätigkeit für einen längeren Zeitraum.

„Ach Didelchen, mit dir ist ja kein Weiterkommen“, seufzte sie oftmals und hob mich zum x-ten Mal von der Schaufel. „Wie soll ich denn heute noch mit dem Blumensetzen fertig werden? Andererseits verhinderst du aber, dass ich mich in meinem Eifer überanstrenge. Nun gut, heutzutage, wo alles immer schneller gehen muss, werden wir beide eben gegen den Strom schwimmen und der neuen Kultur der genüsslichen Langsamkeit frönen.“

„Narren hasten, Kluge warten, Weise gehen in den Garten“, lautet ein sinniger Spruch aus China. Immer mit der Ruhe, denn in der Ruhe liegt die Kraft. „Siga, siga“, wie die Griechen sagen. Oder die Menschen in Kenia meinen: „Pole, pole – hakuna matata!“ – „Immer schön langsam, kein Problem.“ Ein wunderbares Lebensmotto – wie geschaffen für mich. Ich half, meine mir Anvertraute zu „gemütlisieren“ und ihre Zeit zu „entschleunigen“. Meine liebe Adoptierte hatte schon öfters humorvoll gemeint, dass sie für all die Dinge, die sie in ihrem Leben noch vorhatte, mindestens hundertzwanzig Jahre alt werden müsste. Das schaffen Schildkröten – vielleicht, weil sie so langsam sind. Möglicherweise leistete ich nun damit einen kleinen Beitrag dazu.

Nur in einem speziellen Fall war ich immer blitzschnell: Mami brachte mir von ihrem Morgenlauf manchmal ein Säckchen der bevorzugten Häuschenschnecken mit. Ich liebte sie dafür, denn Liebe geht bekanntlich auch durch den Magen. Auch eine freundliche Nachbarin, die einen schneckenreichen Garten ihr Eigen nannte, sammelte sie oft für mich in einem Einsiedeglas und brachte sie mir als Morgengabe.

Ungestüm steckte ich den Kopf in das Gefäß und schnäbelte in Windeseile die kleinen Schalentiere in mich hinein, sodass der netten Frau vor Staunen der Mund offen blieb. Zum Atemholen nahm ich mir erst Zeit, wenn das letzte Kriechtier in meinem Kropf war. Was man hat, das hat man – sicher ist sicher.

In diesem Fall war die Fressgier sehr ausgeprägt. Eigentlich gehört die Gier ins Spitzenfeld der Sünden – zumindest in der menschlichen Moralvorstellung. Habgier, Machtgier und Respektlosigkeit – drei Todsünden. Und tatsächlich! Was ist nicht schon alles an Bösem über die Menschheit und die ganze Welt hereingebrochen, ausgelöst nur durch Habgier, Machtanspruch und Respektlosigkeit anderen und anderem gegenüber. Der Mensch beherrscht alles – nur nicht sich selbst. Aber ich meine, wenn man so großen Appetit verspürt, darf man wohl ein bisschen fressgierig sein, oder?
In einem anderen Fall konnte ich auch teilen, wenn es nur um Nudeln ging, zum Beispiel. Meine mir Anvertraute hatte sowieso einen unerschöpflichen Vorrat davon. Also machte es mir auch nicht so viel aus, dass sich eines Tages eines der dreisten Krähentiere, die sich ständig in unserer Siedlung herumtrieben, meiner Nudelschale bemächtigte und sie einfach davontrug – samt Inhalt.
Meine für die Verpflegung Zuständige sah mich fragend an und versuchte, mir das Rätsel um das geheimnisvolle Verschwinden zu entlocken. Ich aber wollte den drolligen Schwarzen, der mir ab und zu Gesellschaft leistete, nicht verraten. Also stellte sie erneut eine volle Schale der dünnen Teigwaren für mich bereit. Das Spiel wiederholte sich. Wieder wurde das komplette Menü gestohlen. Noch ein drittes Mal wurde mein Futtervorrat entwendet. Dann aber brachte sie ein massiveres Gefäß und beschwerte es obendrein noch mit einem Stein.
Tage später läutete es an der Haustür, und einer meiner nachbarlichen Fans kam mit den verschwundenen Kunststoffschüsserln, um zu fragen, ob die uns gehörten. Der lustige Rabenvogel hatte meine Nudelbehälter auf das Flachdach, drei Häuser weiter, gebracht, und wohl versucht, sich da eine Küche einzurichten.
Alle weiteren Diebstahlversuche scheiterten am Gewicht der neuen Schale. Es wurde nur mehr der große schwarze Schna-

bel mit den Köstlichkeiten gefüllt. Ein freundliches Blinzeln aus den listig-klugen Augen in meine Richtung, konnte durchaus als ein „Danke“ gewertet werden, und ich kicherte in mich hinein, wenn der große Schwarze mit dem elegant glänzenden Gefieder, nach einigen mühsamen Starthopsern, mit seiner schweren Spaghettilast endlich an Höhe gewann und über unsere Hecke hinwegstrich.

Frühlingssaat

Die Samen des Verstehens, der Liebe und Freude werden gesät und genährt, indem wir im Alltag beständig achtsam und respektvoll füreinander und miteinander leben.
Wieder hatte der Wetterbericht Regen angekündigt, und es war höchste Zeit, den spärlichen Grasbüscheln in unserem „grünen Wohnzimmer“ neue Gesellschaft zuzuführen. Ideale Wetterbedingungen, um Grassamen auszusäen. Herrlich, ein weiteres Festmahl für mich! Ich schaufelte ihn gleich aus dem Sackerl in meinen Schlund, bis ihn die Gärtnerin, mit einem strafenden Blick auf mich, aus meiner Reichweite entfernte. Da heftete ich mich an ihre Fersen und las das Saatgut gewissenhaft vom Boden auf.
In einem Anflug von Verzweiflung beobachtete sie, wie ich ihre Bemühungen zunichte machte und meinte dann lakonisch: „Okay, einen Versuch war's wert. Mal sehen, ob aus den spärlichen Samen, die du übrig gelassen hast, noch Gras wächst. Wenn nicht, haben wir wenigstens eine satte, zufriedene Ente.“
„Was du genießt von Tag zu Tag – das ist dein Reichtum.“ Ich hatte genossen, und sie war um eine Erfahrung reicher. Dann konzentrierte sich meine liebe Adoptierte darauf, die dürren Blütenrispen und Zweige zu entfernen. Auch beim Umtopfen half ich tatkräftig mit. Während sich Mami abmühte, eine stark verwurzelte Kakteen-Sukkulente mit einem scharfen

Messer aus dem Tontopf zu lösen, stocherte ich an derselben Stelle, immer haarscharf an der Messerklinge entlang.
„Didsie, du lebst gefährlich. So geht das nicht."
Resignierend legte die Umtopferin das spitze Mordinstrument beiseite, und dann hatte auch ich bald das Interesse an dieser Tätigkeit verloren. Jausenpause. Endlich hatte sie das sperrige Pflanzenungetüm aus dem alten Topf befreit und wollte es in den größeren bereitgestellten hieven. Ging aber nicht. Der Topf war bereits besetzt – von mir. Ich hatte mich darin breitgemacht, denn da fand ich die ersehnten Leckerlis: Mauerasseln, Käfer und Spinnen vom Feinsten. Bevor das nicht in aller Gemütlichkeit verputzt war, konnte sie ihr Werk nicht fortsetzen. Sie musste sich in Geduld üben.
Ich gab ihr Gelegenheit, an die wirklich wichtigen Dinge zu denken, wie zum Beispiel daran, den Fotoapparat zu holen und die Szene festzuhalten, was sie auch prompt – Erde an den Schuhen, Zweiglein, Blätter, im Haar und Freude im Herzen – tat.

Sonnenseiten des Lebens

Mein Riesenappetit auf Häuschenschnecken hatte sich weit in der Nachbarschaft herumgesprochen, und eines Tages bekam ich sogar ein Prachtexemplar von einem weit entfernten Bezirk. Der Sohn einer Nachbarin kam mit seiner kleinen Tochter zu Besuch und händigte mir höflich eine große Weinbergschnecke aus. Ich holte sie aus dem Becher und trug sie stolz wie ein Hund, der seine Beute apportiert, hinauf zu meinem Essplatz im Garten. Nach dem Festschmaus musste ich feststellen, dass sie sich geschmacklich überhaupt nicht von Schnecken unseres Bezirkes unterschied.
Nachdem mein Terrain ziemlich leer gefuttert war, zeterte ich lautstark und forderte vehement meinen Ausgang zu anderen

Futterplätzen in Nachbargärten. Mami nannte es „Duck-Walk". Kaum hatte sie das Schnecken-Sammelglas unter der Gartenbank hervorgeholt, wusste ich schon Bescheid, und ihre auffordernde Frage „Na, DiDi, gehen wir?" konnte sie sich beinahe sparen, denn ich stand schon bei Fuß.
Die afrikanische Tragetasche hatte längst ausgedient, denn ich folgte ihr – wie ein Hündchen, nur vielleicht etwas bedächtiger. Jeder, der uns sah, schüttelte belustigt den Kopf. Wir waren ein drolliges „Gespann". Oftmals wurden wir unterwegs in kürzere oder längere Unterhaltungen mit unseren Siedlungsmitbewohnern verstrickt oder mit einbezogen, und Mami hatte, angenehm berührt, registriert, dass sogar jene Nachbarn, die früher nicht miteinander konnten, nun gegenseitig einen viel freundlicheren Umgangston pflegten.
Meine mir Anvertraute zwinkerte mir verschmitzt und vielsagend zu, und ich sah sie von der Seite mit meinem unnachahmlich schrägen, halb fragenden Blick an. Eine vielköpfige Entenschar bevölkerte inzwischen die Nachbarsgärten. Manche waren aus Stein, andere aus Metall, sogar in Kürbisform wurden einige gesichtet, und Mami hatte unseren Entenhof mit Spezialausgaben aus Stroh und Holz aufgestockt.
Der eindrucksvollste Neuzugang war aber aus einem Wurzelstock geschnitzt. Sie hatte sie von ihrer Cousine zum Geburtstag mit dem Hinweis bekommen: „Falls dich deine DiDi einmal verlassen sollte – hier ist dann ein kleiner Ersatz."
Mami war zu Tränen gerührt, ich aber sah sie von der Seite mit meinem „very sophisticated"-Gesichtsausdruck (den hatte ich mir von Niki abgeguckt) an und dachte bei mir: „Was soll dieser Beisatz, welch eine Unvorstellbarkeit, ICH und meine liebe Adoptierte verlassen ... absurd – einfach grotesk!"
Auf dem Heimweg holte Mami die Post aus dem Briefkästchen und verlor einen der Briefe im Garten. Ich setzte mich pflichtbewusst darauf, damit ihn der Wind nicht forttragen konnte und hielt ein Nickerchen. Sie würde ihn schon irgend-

wann holen, dessen war ich mir sicher, und vielleicht würden dann wieder ein paar Streicheleinheiten für mich abfallen.
Ich gab eine Variante von „etwas zu schwer geratener Brieftaube“ ab. Man hätte mich auch als neues Symbol einsetzen können – statt des gewohnten Postfuchses etwa, mit dem ich sowieso lieber keine Bekanntschaft machen wollte. Eigentlich aber agierte ich als Entenpost-Briefbeschwerer.
„DiDi, DiDi, du nimmst mir, schnell wie noch nie, mei-eine pannonische Melancholie. DiDi, du mein kleines, braunes Federvieh, nimmst hinweg die dämliche Melancholie ...“, tönte es aus dem geöffneten Fenster heraus.
Was? Wie? Es waren schon Songs für Freunde, zum Geburtstag und zu anderen Anlässen komponiert worden, aber der war neu. Er war für mich. Sie hatte ein Lied für mich geschrieben! „Tüdilidid-qui-qui“, ich fühlte mich geschmeichelt, schloss die Augen und versenkte, wieder zufrieden lächelnd, meinen Kopf zwischen den Flügeln. Als sich meine mir Anvertraute nach angemessener Zeit noch nicht blicken ließ, alarmierte ich sie durch mein markantes „Quä-quä-quä-quä-quä-quat-quat“. Das wirkte fast immer.
Während sie das bewachte Poststück aufhob, bekam ich ein dickes Lob und auch ein paar Liebkosungen. Ein unbekanntes Geräusch forderte jedoch dann schlagartig meine ganze Aufmerksamkeit. Dicht an ihrer Seite streckte ich den Hals so weit ich konnte nach vorn und fixierte die Stelle im Blumenbeet, aus der ein seltsames Rascheln drang. Meine Adoptierte stutzte ebenfalls, als sie mich in dieser Lauerstellung sah, und mit ihr als Rückendeckung traute ich mich näher an das Geheimnisvolle heran. So etwas Eigenartiges hatte ich noch nie gesehen. Eine große, graue, etwas längliche Kugelgestalt, über und über mit Stacheln besetzt. Das seltsame Wesen bohrte sein spitzes Schnäuzchen in den braunen Laubhaufen, der vom Herbst noch übrig geblieben war. Offensichtlich dachte er: Wenn ich dich nicht sehe, kannst du mich auch nicht sehen.

„Schau DiDi, wie süß, ein Igel", hörte ich Mami begeistert flüstern, und schon war sie davongeschlichen, um für unseren Gast ein Schälchen Milch zu holen. Doch der spießige Geselle ignorierte ihr Geschenk und trollte sich des Weges. Ich verfolgte ihn ein Stück, verlor dann aber doch das Interesse an dem Stacheligen. Er war nicht ganz meine Kragenweite.
Plötzlich hörte ich so etwas wie einen Entenflügelschlag. Ich riss den Kopf hoch, spähte in alle Richtungen, lief aufgeregt die Böschung hinunter und war völlig aus dem Häuschen. Woher? Wohin?
„Was ist denn los, Didelchen, bringt dich die Sirene so aus der Fassung?"
Was? Keine geflügelten Artgenossen? Da hatte mich also tatsächlich der helle, schrille Ton einer Alarmanlage in der Ferne gefoppt.
Während ich noch verdattert in der Gänseblümchenwiese stand, kam mein großer Bruder zur Gartentüre herein, warf seinen Schulrucksack ins Gras und brüllte mir mit ausgebreiteten Armen ein „Stiiiinkiiiii", gefolgt von einem gekreischten „Riiitzi-Biiitzi-Nuuut-Nuuut", entgegen. Wenn ich das hörte, geriet ich regelmäßig in Rage und sekundenschnell standen mir die Federn zu Berge. Er nahm mich schwungvoll hoch, um mit mir zu „schmusen", wie er es nannte.
Ich war von seinen „Liebesbezeugungen" immer nur äußerst mäßig begeistert. Temperamentvoll und ungestüm wie er nun einmal war, brachte er jedes Mal mein Federkleid in Unordnung, und ich musste nach solchen „Attacken" mein Stylingprogramm auf Hochtouren fahren. Meine Revanche folgte auf den Fuß – im wahrsten Sinne des Wortes. Kaum abgesetzt, piekste ich ihn kräftig in ebendiesen hinein.
„Uita-Ratatouille, na warte, du Schnösel!"
In gespielter Empörung stupste er mich übermütig am Schwänzchen. Ich sträubte mein Gefieder, wie ein Kampfhund das Fell beim Anblick eines Rivalen, und jagte den

Unverschämten durch den Garten, dass meine Watschelbeinchen seitwärts nur so flogen und kaum den Boden berührten, bis er kreischend, über die Stufen hinauf, auf der Terrasse Zuflucht suchte. Ein Bild für die Götter!
Triumphierend äugte ich zu ihm hoch, schüttelte mich, schlenderte lässig-cool von dannen und sprang in meinen Pool, um ein ausgiebiges Bad zu nehmen.
„Uita-Ratatouille-schnabaratabitz'n-pipiriti, unsere 2CV-Sport-Edition ist heute wieder in Bestform", japste er – und wischte sich einen Schweißtropfen von der Stirn.
Hinter dem Küchenfenster sah ich meine liebe Adoptierte werken. Wenn uns auch eine Glasscheibe trennte, allein ihr vertrauter Anblick erfüllte mich schon mit Zufriedenheit. Nachdem ich dem Bade entstiegen war, rundete ich mein Ritual mit einem kräftigen Flügelschlag ab. Der bewirkte, dass sogar die Fensterscheiben erzitterten, worauf das kleine, zarte Fensterbild vibrierte. Die beiden darauf angebrachten, filigranen Eulen machten wie immer große Augen und bekamen endlich Gelegenheit, auch einen leisen, feinen, metallisch flirrenden Ton abzusondern.
Mein feines Hörorgan vernahm Mamis helles Lachen hinter dem Fenster. Sie schüttelte sich – und ich schüttelte meine Federn. Fröhlich winkte sie mir zu, und ich gab meine fröhliche Antwort darauf. Die konnte sie zwar nicht hören, aber wenn unsereins Laute von sich gibt, dann sieht man das am „Wackelschwänzchen".
Mein Total-Resonanz-Körper lässt mein Pürzelchen auf- und abwippen. (Rätselhafterweise bekommt mein großer Bruder jedes Mal einen Lachanfall bei diesem Anblick.) So kommunizieren meine mir Anvertraute und ich durchs geschlossene Fenster: Winke, winke, wackel, wackel. Es heißt, mit einem Schweifwedeln kann ein Hund mehr Gefühl ausdrücken als mancher Mensch mit stundenlangem Gerede. Nun, ich konnte das mit meinem Schwänzchen auch. Genial einfach – und jeder hat dabei seinen „happy moment".

Glück ist kein Dauerzustand. Es sind die vielen kleinen, schönen Augenblicke, Momente, Dinge im Alltag, die erfreuen, und glücklich machen können, wenn man sie erkennt und schätzt.
Ich hielt und halte es mit der weisen Aussage: „Noch nie hat sich einer die Augen verdorben, dass er die sonnigen Seiten des Lebens sah.“ Und dann philosophierte der römische Quak Aurel dereinst noch so vor sich hin: „Die Fähigkeit, glücklich zu leben, kommt aus einer Kraft, die der Seele innewohnt.“

Ente auf dem Rost

„Dürfen wir DiDi besuchen kommen?“ Eine Schar hübscher Mädchen stand an der Gartentür und bat um Einlass. Wie ein bunter Blumenstrauß ergoss sich das Jungdamen-Komitee in unseren Garten und fiel freudestrahlend über mich her. Sie liebkosten mich so zärtlich, dass ich nichts dagegen einzuwenden hatte, von einer kleinen Schönheit zur anderen weitergereicht zu werden. Unsere liebe kleine Nachbarin hatte kurzerhand die Party von ihrem Garten in unseren transferiert und sie mit all ihren Freundinnen zur DiDi-Duck-Fete umfunktioniert.
Fachmännisch, Pardon fachfräuleinhaft, gab sie die Anweisungen, wie ich zu behandeln war, damit mir kein Federchen gekrümmt würde. Als Gastgeschenk hatte sie mir einen kleinen gelben Blumenübertopf voll Regenwürmer und Schnecklein mitgebracht. Das lobte ich mir! Belustigt sahen sie zu, wie das Geschenk in Sekundenschnelle in mir verschwunden war. Unter der Devise „Tausche Regenwürmer gegen Schokolade“ bedankte sich Mami bei ihnen.
Als die entzückenden bunten „Blumen“ mein Territorium wieder verlassen hatten, nahm ich relaxt auf dem ebenerdigen Kellerfenstergitter Platz, denn aus dem Studio ertönte Musik. Einer der Jungs war hörbar am Werken.

„Wumm-wumm-tack! Wumm-wumm-tack! Rattatatatata-wumm! Tack-tack-wumm!“
Die harten Schläge passten zu meinem großen Bruder. Dazu ertönten die jaulenden Töne der verzerrten Gitarre. Aha, der noch größere Bruder meines großen Bruders war auch dabei. Irgendwelche Finger glitten virtuos über eines der Keyboards, und die bunten Balken am Bildschirm des Computers leuchteten zu mir herauf. Ich saß beinahe darüber und spähte begeistert hinunter. Dann hörte ich Mamis Stimme. Nun ja, so laut wie ich, konnte sie zwar nicht quaken – aber es klang nicht übel. Ich liebte diesen Platz, wenn musiziert wurde. Durfte ich schon nicht ins Studio mit hinein, so hatte ich hier wenigstens die Gelegenheit, unmittelbar dabei zu sein.
Die Gartentüre quietschte leise und ein weiterer Musikus erschien. Verwundert blieb er vor mir stehen. Als er Mami, die ihn an der Eingangstür empfing, auf meinen eigentümlichen Sitzplatz ansprach, meinte sie lachend: „Ja, wenn es bei uns ‚Ente auf dem Rost‘ gibt, dann nur mehr auf diese Art und Weise. So schaut das aus.“

Schnabelball

Ich lebte, umsorgt und behütet, im routinierten, immergleichen Rhythmus fröhlich in den Tag hinein und bedankte mich bei meiner Familie auf meine Weise: mit einem täglichen Ei. Hätte ich ein Nest befüllt, wäre nun die Nummer 46 hineingelegt worden. Ein umfangreiches Gelege. Nur Nummer 43 war irgendwie abhanden gekommen, einfach unauffindbar. Ich hatte sowieso keine Ahnung und zählte auch nicht mit, aber Mami führte anscheinend genau Buch darüber und informierte mich über den Stand der Dinge.
Dass Ei Nummer 43 von einem Marder geholt wurde und erst Wochen später von meiner Lieblingsnachbarin gefunden

und zu uns zurückgebracht worden war, erfuhr ich erst später. Er hatte mein Produkt so vorsichtig getragen, dass man, nur auf Grund seines Zahnabdruckes an der Schale, den Hergang des Raubes recherchieren konnte. Seine Beute hatte er sorgfältig im Sand verbuddelt, um die Köstlichkeit offensichtlich für magere Zeiten aufzusparen.

Wieder einmal genossen wir einen jener wunderbar milden Tage im Mai, wo man mit sich und der Welt im Einklang ist. Duck-Walk, Gartenarbeit und abschließend ein herrliches Bad im Pool: Entenherz, was willst du mehr? Mami saß direkt vor mir – auf der neuen Gartenbank mit einem wunderschönen Entenrelief aus Metall auf der Rückenlehne, die sie zum Geburtstag bekommen hatte – und las ein Buch über meine Spezies. Es war das ausgeklügelte Geburtstagsgeschenk für sie, vom noch größeren Bruder meines großen Bruders.

Nach dem Mittagessen wurde Tischtennis gespielt. Die Brüder lieferten sich einen heißen Schlagabtausch. Ping-pong, ping-pong, fetz! Und wieder war der kleine runde, knallgelbe Ball im Gebüsch verschwunden. Ich eilte herbei, um bei der Suche behilflich zu sein. Da das gelbe Ding aber in der Folge mehr unter der Platte landete, als dass mit ihm gespielt wurde, blieb ich gleich abwartend in der Nähe stehen.

„DiDi, du störst", maulte der noch größere Bruder meines großen Bruders und grantelte weiter: „Komm, zieh Leine!"

Ich zog stattdessen lieber an den Bändern seiner Sportschuhe. Das Match hätte er sowieso verloren. Nun konnte er die Schuld wenigstens getrost auf mich schieben.

Als die kleine Kugel erneut in hohem Bogen im Gras landete, schnappte ich sie meinem großen Bruder vor der Nase weg. Doch sie entglitt mir wieder und rollte mit Schwung auf ihn zu. Er retournierte sie mir, und im Nu war das schönste Schnabel-Rollball-Spiel im Gange. Es wurde fortan eines meiner Lieblingsspiele.

In letzter Sekunde

Am späten Nachmittag begann es zu regnen. Mairegen bringt Segen für Feld und Garten und lockt Regenwürmer hervor. Ich war enthusiasmiert und ungemein beschäftigt.
Die Dämmerung brach herein, und Mami erschien im Gartenzwerglook, mit Regenjacke samt komischer Zipfelkapuze, und wollte mich ins Haus holen.
Was, jetzt, wo ich im schönsten Wurm-Eldorado schwelgte? In der dunklen Ecke meiner Seele regte sich so etwas wie Trotz. Was fiel ihr ein? Nichts da, das kam überhaupt nicht in Frage. Ich verharrte regungslos im Gebüsch und ließ sie an mir vorbeilaufen. Nicht, um sie zu ärgern, sondern nur, um ihre Nervenkapazität zu prüfen. Dann wuselte ich rasch die regennasse, glitschige Böschung hinunter und verschwand unter der hohen Fichtenhecke. Geduld verlieren, heißt Würde verlieren. Sie behielt ihre Würde und zog sich – nach mehrmaliger vergeblicher Bemühung, mich ins Haus zu locken – zurück, sogar noch einlenkend, aber mehr zu sich selber murmelnd: „Nun gut, komm ich halt später wieder, kannst noch ein bisschen bleiben."
Es dauerte nicht lange und ich hörte meine liebe Adoptierte wieder: „Didsie, Didelchen, mein kleiner Zwetschkenknödel! Wo bist du? Unsere Lieblingssendung ‚Universum' hat schon begonnen! Kommst du?"
Sie bahnte sich mühsam einen Weg durch das tropfnasse Dickicht. Ich dachte nicht im Traum daran. Was war eine TV-Sendung gegen all die fetten Happen, die mir entgehen konnten. Als ihre Rufe immer lauter und eindringlicher wurden und letztendlich mit einer Nuance von Verzweiflung ins fast Klägliche glitten, gab ich ein „Pit-pit, quat-quat" von mir.
Schlagartig änderte sich ihre Stimmlage und ging nahtlos in ein ärgerliches Gezeter über: „Sag einmal, du komischer Vogel, willst du mich foppen?"

Sie musterte mich beleidigt und unternahm einen dilettantischen Versuch, mich einzufangen. Dabei rutschte sie auf dem abschüssigen Hang aus und landete, mit einem kräftigen Fluch, auf dem Hosenboden.

Humor ist der Knopf, der verhindert, dass einem der Kragen platzt. Ihr Kragenknopf war abgesprungen.

„Verdammt, DiDi, du Zwetschkenkrampus (so nannte sie mich immer, wenn sie besonders wütend war), wie stellst du dir das vor? Glaubst du vielleicht, ich rutsche dir hier im Schlamm und Quatsch hinterher? Weißt du was, du kannst mich gern haben. Wegen deiner Eskapaden versäume ich jetzt die interessante Dokumentation. Jetzt reicht's! Ich hole dich rein, wenn die Sendung vorbei ist. Basta!"

Und ob ich sie gern hatte. Besonders dann, wenn ich MEINEN Willen bekam. Es hatte zu regnen aufgehört, und über dem nächtlichen Garten funkelten die Sterne. Bedrohliche Finsternis gähnte mir von der westlichen Seite unseres „grünen Wohnzimmers", das jetzt in Schwarzschattierungen „tapeziert" war, entgegen. Nur die Solarleuchten spendeten vereinzelt noch fahles Licht.

Stille. Es herrschte absolute Stille, um nicht zu sagen Totenstille. Ich kam aus dem feuchten, dschungelartigen Dickicht heraus und sah mich um. Was war mit Mami los? Hatte sie mich vergessen? Ich bewegte mich vorsichtig zum Teppich unter der Tischtennisplatte – und da stach mir der fetteste aller Regenwürmer ins Auge.

Er lag regungslos da und wartete nur darauf, von mir verspeist zu werden. Gerade als ich ihn mir einverleiben wollte, hörte ich ein leises Knacken im Unterholz. Meine innere Alarmsirene schrillte! Es wetterleuchtete in mir. Ich starrte angestrengt in die Finsternis. Nichts. Hatte ich mir das nur eingebildet? In dem Moment, als ich mich wieder der Delikatesse hingeben wollte, sprang aus der stockdunklen Ecke etwas auf mich zu. Etwas Braunes, Pelziges versuchte, mir das Gustos-

tück aus dem Schnabel zu reißen. Unverschämtheit! Das war wohl die Höhe! Ich sprang zu Tode erschrocken hoch und der dicknudelige Erdbewohner riss in zwei Teile.
Die nächste Attacke folgte sofort. Und jetzt begriff ich: Nicht der Wurm war das auserwählte Opfer, sondern – ich! Blitzartig fiel mir wieder ein: „Wer kämpft, kann verlieren, wer nicht kämpft, hat schon verloren." Ich hatte um meine Adoptierte gekämpft, gegen Hunde und Katzen – und diesem dunklen Pelzträger musste ja auch irgendwie beizukommen sein. Aber er war ein verdammt starker Gegner.
Ich wirbelte herum wie ein tanzender Derwisch, doch er war unglaublich hartnäckig und wendig und hatte mich am Flügel. Ich spürte einen kurzen stechenden Schmerz, als er mir ein Büschel Federn ausriss, und schrie in Panik verzweifelt auf.
„DiDi, wo bist du? Hey, was machst du? Was ist los?"
Mami! Die Rettung! Ein Hechtsprung unter der Platte hervor (James Bond oder Indiana Jones wären sicher vor Neid erblasst), so dass die Federn nur so stoben, und hätte ich Hände gehabt, ich hätte sie um ihre Beine geschlungen, mich an sie geklammert. Dios mio, – das war knapp!
„Du lieber Himmel! DiDilein, das war ein Marder! Mein Entenschätzchen, du hast soeben einen Marderangriff überlebt."
Fassungslos starrte sie auf mich, dann unter die Platte und hinüber zur finstersten Ecke des Gartens, wohin das Raubtier entwischt war. Es herrschte wieder Grabesstille. Das raue Monster, der Schrecken aller Vogeltiere, war längst über alle Berge. Meine Retterin hob mich behutsam hoch und trug mich ins Haus. Noch starr vor Schreck, blieb ich bewegungslos in der Küche stehen. Das wunderbare Abendessen rührte ich nicht an.
Mami untersuchte mich genau und war beruhigt, dass sie keine ernste Verletzung feststellen konnte. Alle Familienmitglieder scharten sich um mich, um sich die schaurige Episode anzuhören, die meine liebe Adoptierte dramatisch schilderte. Dann wurde ich ob der fehlenden Flügelfedern ausgiebig be-

mitleidet und mit beruhigenden Worten gestreichelt. Mami setzte mich vorsichtig in die Duck-Box.
Am nächsten Morgen stand ich immer noch unter Schock und ließ auch das Frühstück ausfallen. Draußen im Garten, weigerte ich mich standhaft, die Stätte des Grauens zu betreten. Nicht einmal Regenwürmer interessierten mich. Ich blieb ganz dicht bei meiner Adoptierten und beobachtete, wie sie sorgfältig Fragmente meiner Bekleidung aufsammelte. Immer wieder tauchten die Bilder des grauenvollen nächtlichen Spuks vor mir auf, und ich musste mir eingestehen, dass ich einen beinahe unverzeihlichen Fehler begangen hatte, nämlich auf Mamis abendliche Einholaktion nicht gleich reagiert zu haben.
Mein Selbstbewusstsein hatte einen ordentlichen Dämpfer bekommen. Nur die Tatsache, dass das Eingeständnis von Fehlern auch als ein Beweis von Stärke gilt, tröstete mich. Seit jenem Vorfall bewies ich allabendlich meine erstaunliche Lernfähigkeit und Charakterstärke, indem ich konsequent folgsam, wie ein gut trainiertes Hündchen, reagierte.
Kaum erschien meine mir Anvertraute in der Dämmerung im Garten und rief: „DiDi, Didelchen, reinkommen, Zeit ist's!" oder drastischer: „DiDi, komm, die Marderzeit beginnt!" oder noch kürzer: „DiDi, mink time!", war ich sofort zur Stelle. Manchmal wartete ich bereits vor dem Eingang oder der Kellertür, und nicht selten klopfte ich sogar an, um Einlass zu erhalten. Meine Abholung quittierte ich stets mit einem zufriedenen „Pit-pit-pit, gigiligig" und bezupfte dann zärtlich die Finger meiner lieben Adoptierten.

Tiertransportfirma

In unserem Haus gibt's eine kleine Musikfirma. Von Zeit zu Zeit bekommen wir Anfragen und Angebote von anderen Unternehmungen, die unbedingt dabei behilflich sein wol-

len, einen Teil unseres spärlichen Einkommens an sie weiterzugeben.
Wieder einmal kam so ein Anruf und ich wurde Zeuge des Gesprächs. Mami fragte freundlich, dabei aber gelangweilt die Augen verdrehend, welche Dienstleistung denn diesmal anzubieten wäre. Es war ein Transportunternehmen, eine Spedition, die irgendetwas von uns transportieren wollte. Meine liebe Adoptierte bedankte sich höflich und meinte, dass wir nur Tiere zu transportieren hätten, worauf die Dame am anderen Ende der Leitung bedauerte, keine Tiertransporte durchführen zu können.
Als meine mir Anvertraute anmerkte, dass damit ohnedies nur eine Katze und eine Wildente gemeint waren, die fallweise von unserem Haus zur Großmutter und retour befördert würden und dass wir das gerade noch selbst bewerkstelligen konnten, sorgte dies für einen ungeahnten Heiterkeitsausbruch bei der Anruferin. Ihr schallendes Gelächter drang aus dem Hörer bis zu mir, die ich gerade wieder einmal gemütlich unter dem Arbeitstisch Platz genommen hatte.
Ich freute mich, dass ich – indirekt – für einige Momente der absoluten Entspannung bei einer völlig fremden Person gesorgt hatte.

Solange Menschen denken, dass Tiere nicht fühlen, müssen Tiere fühlen, dass Menschen nicht denken

Der noch größere Bruder meines großen Bruders erschien in der Wohnzimmertür und stellte ein bedeutungsvolles „So" in den Raum. Er tat dies des Öfteren, um seinem unmittelbaren Auftauchen ein verstärktes Auftrittsattribut, sozusagen eine tiefere Bedeutung, beizumessen und damit die nötige Auf-

merksamkeit einzufordern. Denn ein gekonnt in Szene gesetztes „So" hat einen bemerkenswerten Effekt: Alle Augen richten sich plötzlich erwartungsvoll auf den „So"-Sager. Manches „So" ist aber auch gleichzusetzen mit einem: „So, ich bin bereit und habe gerade Zeit. Wo gibt es nichts zu tun?"
Mami hatte viele Jahre in einem Büro gearbeitet und erzählte gerne die „So"-Episode über ihren damaligen Chef, der des Morgens, immer einige Minuten nach seinem Erscheinen in der Firma, nach einer kleinformatigen Zeitung griff und mit einem theatralischen „So" für unbestimmte Dauer auf dem stillen Örtchen verschwand. Sinn für Humor, mit einem nötigen Schuss Selbstironie, bewies er aber, als er, nach einem gewissen Zeitraum, die schrägen Blicke und das mühsam unterdrückte Lachen seiner Mitarbeiter überlauerte. Da stellte er eines Tages nämlich die alles entscheidende Frage: „So, hab i heute schon ‚so' g'sagt?"
Üblicherweise blieb das „So" des noch größeren Bruders meines großen Bruders jedoch ohne weitere Folgen allein im Raum stehen. Diesmal aber hatte es seine Berechtigung: „Ich habe den Code geknackt! Der Blechtrottel auf der Uni hat's g'schluckt und meine Abgabe akzeptiert. Die Prüfung wäre geschafft. Uff, das war eine harte Nuss diesmal! Und die Kreativitätskrise ist auch ausgestanden. Die Nummer ist im Kasten." (Mit „Nummer" meinte er sein neuestes, wie immer ziemlich kompliziertes Musikstück.)
Mich hatte er erfolgreich aufgeweckt. Ich war gerade mit Mami vor dem Fernseher gesessen und hatte auf meinem blauen Enten-„Orientteppich" ein Nickerchen gehalten. Meine liebe Adoptierte reagierte, ganz gegen ihre sonstige Gewohnheit, überhaupt nicht auf seine frohe Botschaft, sondern saß regungslos vor dem TV-Gerät und starrte, vornüber gebeugt, gebannt auf die Mattscheibe. Sie stützte ihr Kinn in die Hände, dicke Tränen kullerten über ihre Wangen, und sie stöhnte leise: „Das gibt's doch nicht, das darf nicht wahr sein … unfassbar."

Der größere Bruder meines großen Bruders warf einen Blick auf die Szene im Fernsehen, schüttelte angeekelt den Kopf und verließ leise das Wohnzimmer.
Im TV lief ein Bericht über Stopfleber. Dazu wird den in engen Käfigen gehaltenen Enten oder Gänsen mehrmals am Tag ein langes Metallrohr durch den Schlund gesteckt, und der Nahrungsbrei wird ihnen direkt in den Magen gepumpt. Am Ende dieser grausigen Tortur, der die armen, erbarmungswürdigen Kreaturen wochenlang ausgesetzt sind, ist die Leber der geschundenen Tiere so groß, dass sie kaum noch atmen können. Von dieser Folter, der sie ihr kurzes Leben lang ausgesetzt waren, erlöst sie dann nur der Tod durch elektrischen Strom oder eine andere, grausame Methode von Menschenhand.
Der Mensch – das ist jene Spezies, die für sich den Anspruch erhebt, Gott am ähnlichsten zu sein oder ihm zumindest am nächsten zu stehen. Welcher Gott da wohl gemeint ist? Diese krankhaft verfettete Riesenleber landet dann als Leckerbissen – vornehm bezeichnet als „Foie gras" (was auf Französisch nichts anderes heißt als „fette Leber") – in Delikatessenläden oder „Gourmet"-Tempeln. Dort wird sie dann von gedankenlosen Individuen teuer erstanden, und so genannte Feinschmecker delektieren sich daran.
„Kann man sich die unermesslichen Qualen, denen unsere Mitgeschöpfe ausgesetzt sind, das Leid, das wir den Tieren Tag für Tag durch unsere Maßlosigkeit, unsere Ignoranz und unsere unfassbare Überheblichkeit antun, vorstellen? Kann es sein, dass wir Tiere noch immer als gefühllose Wesen, ja, nur als eine „Sache" betrachten, mit denen wir verfahren können, wie es uns gerade in den (Un-)Sinn kommt?
Es ist inzwischen ziemlich sicher, dass „Macht euch die Erde untertan!" ein grober Übersetzungsfehler war. Große Fehler, uneinsichtig weitergeführt, sind Todsünden. Tiere sind Mitbewohner unseres Planeten, wir haben uns gemeinsam auf unserer schönen Erde entwickelt. Wir sollten sie, zumindest

im weitesten Sinne, als unsere Brüder und Schwestern betrachten."
Das Schlussplädoyer, die angenehme Stimme aus dem TV-Gerät, die die grauenvollen Bilder der Dokumentation kommentiert hatte, war verklungen. Mami saß immer noch wie paralysiert da und schniefte leise, dann putzte sie sich geräuschvoll die Nase.
Ich wusste nicht, was los war, ich fühlte nur, dass irgendetwas nicht stimmte. Langsam erhob ich mich von meinem Sitzplatz und wanderte über den Teppich in ihre Richtung. Ich pflanzte mich vor ihr auf, machte meinen Hals lang und sah ihr, mit meinem unauslotbar tiefen Blick, ruhig in die Augen.
Sie lächelte unter Tränen und flüsterte mir kaum hörbar zu: „Didilein, meine Süße, kann man sich so etwas vorstellen? Das ist wohl das Letzte ..., ein abgrundtiefer Wahnsinn, da kann einem ja speiübel werden."
Ich beugte mich hinunter und beschnäbelte sanft ihre nackten Zehen, eine nach der anderen. Sie lächelte, dann kicherte sie. Hatte ich sie wieder ins Lot gebracht?

Ein spezieller Wurm

„Qua-qua-qua-qua-quat! Wo blieb sie denn so lange? Was zum Hecht machte sie schon wieder?" Ich hielt Nachschau. Aha, meine mir Anvertraute war, wie immer, sehr beschäftigt. Aber womit? Es war schon wieder dieser seltsame Kerl, den ich schon mehrmals mit leidenschaftlicher Eifersucht verfolgt und attackiert hatte. Liebevoll, wie mir schien, kümmerte sie sich um ihn, tauchte ihn immer wieder in einen Wassereimer und plätscherte damit hingebungsvoll über den Fliesenboden.
Sie nannte ihn „Mopp". Er war ein weicher, gefranster Lappen und an einer langen Stange angebracht. Ich hasste es, wenn

meine liebe Adoptierte ihre ganze Aufmerksamkeit diesem Schnösel widmete.

„Was gibt's denn, Zwutschkerl? Du wirst wohl nicht auf das Reinigungsgerät eifersüchtig sein, wo ich doch damit nur deine nächtlichen Spuren beseitige."

Belustigt beugte sie sich zu mir herunter. Ich nutzte sofort die Gelegenheit und zupfte und zerrte vehement an ihrer langen Halskette mit den Holzperlen, die so provokant vor meinem Schnabel baumelte. Nachdem sie meinen Swimmingpool neu befüllt hatte, verschwand sie wieder aus meinem Blickfeld.

Ich beschäftigte mich eine Weile mit Erdwühlarbeiten, Salatblattzupfen, Frischwasser-Genuss-Spritz-Baden und Stylen. Dann hörte ich das vertraute Hüsteln unseres Nachbarn. Er eilte am Zaun entlang und sprach laut vor sich hin. Ich wuselte den Abhang hinab, zum Gartentor, um mit zu plaudern. Er würdigte mich keines Blickes, sondern sprach anscheinend mit sich selbst, während er ein kleines Ding an sein Ohr hielt. Komisch, jetzt erinnerte ich mich, dass Mami neuerdings auch so ein Ding besaß, mit dem sie manchmal redete. Ihres konnte bellen. Immer, wenn es kläffte, sprach sie mit ihm – wahrscheinlich, um es zu beruhigen. Lustigerweise nannte sie es nicht Hund, sondern Handy.

Die Fenster standen offen, und auch die Terrassentür, und ich hörte sie drinnen werken. Ich könnte sie mit einem Besuch überraschen, überlegte ich mir, und mühte mich die Stufen hinauf. Hops, hops, hops, noch drei Hindernisse, und geschafft! Die Überraschung war gelungen.

Sie staunte nicht schlecht, als ich über die Tür hereinkam, um sie ein bisschen beim Bügeln zu unterhalten. Ich liebte es, unter die Stoffbahnen, die vom Bügeltisch herabhingen, zu schlüpfen und die verschiedensten Knöpfe auf Esstauglichkeit zu überprüfen. Leider ließen sich nur die wenigsten von ihnen vom Stoff lösen, und außerdem waren sie letztendlich auch wirklich zu hart.

Also machte ich mich lieber über die Zimmerpflanzen her. Ich betete mit begehrlichem, sehnsüchtigem Girren meine heiß geliebte „Tradescantia Albiflora“ an, ein recht unspektakuläres Grüngewächs, das als Pflanzenampel in für mich unerreichbarer Höhe hing. Seufzend unterbrach meine liebe Adoptierte ihre Tätigkeit und spendierte mir ein Zweiglein davon, das ich genussvoll verzehrte. Dann sah ich mich nach einem anderen Betätigungsfeld um.

„Verdammt, wo zum Kuckuck ist das Schuhband, das ich vorhin auf die Ablage gelegt habe? Sch...shit! Mein Bus geht gleich ... Maaamiii – weißt du, wo es ist? Hast du es von hier weggenommen? Gerade war es noch da, das gibt es doch nicht! So ein Mist! Es ist wie vom Erdboden verschluckt! Immer, wenn man es eilig hat, kommt irgend so ein blöder Zwischenfall noch dazu – es ist zum Aus-der-Haut-Fahren! Himmel, wenn ich jetzt deswegen meinen Autobus verpasse. Es ist zum Verrücktwerden!“

Der größere Bruder meines großen Bruders hatte einen seiner berüchtigten Stressilepsie-Anfälle. Ich sah von einem zum anderen. Schuhband? Sie meinten doch nicht etwa das lange dünne, schwarze Ding, das wie ein dunkler Regenwurm aussah? Irgendwann hatten sie es dann doch noch gefunden. Es lag hinter einem großen Pflanzentopf. Beide rätselten, wie es wohl dorthin gelangt war. Aber den Bus erwischte er nicht mehr.

Ich wartete geduldig auf meine Chance, mich ins Spiel einzubringen

Schnabelball

DiDi-Suchbilder

„Hmmmm lecker, Schnirkelschnecken – mein absolutes Lieblingsessen

Warum heißen diese Blümchen nur Gänseblümchen? Gibt es auch Entenblümchen?

„Eierei“

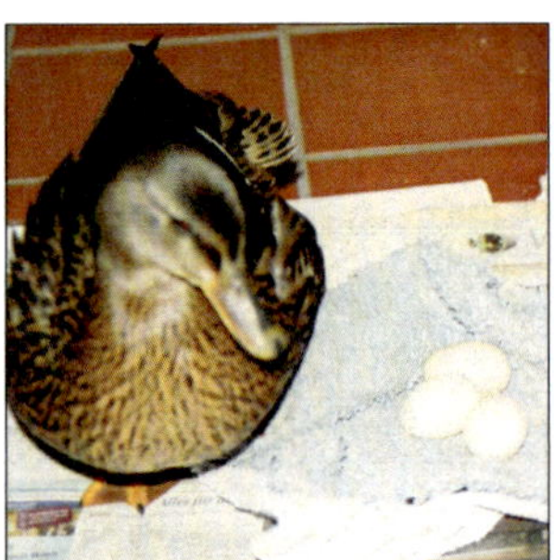

Ich legte meine kunstvollen Gebilde überall hin:
zuerst in den Kellerraum …

… dann auf die Terrasse, verstreute sie im Garten,
und einige davon platzierte ich sogar in meinen Swimmingpool

Splish Splash

Köpfchen unters Wasser, Schwänzchen in die Höh’

Es gibt nichts Feineres als ein Bad in frischem Wasser …

Stylingprogramm

„Aaahhh-quakerli-qua, das hat gut getan!“

Zeit für ein Nickerchen –
währenddessen darf Niki mein Badewasser schlürfen

Unter den üppigen Pflanzenpolstern verstecken sich die herrlichsten Leckerbissen

Ich liebe Gartenarbeit

Unsere „Île sans souci“

Ich blockierte den Blumentopf,
um ihn von Asseln und Spinnen zu befreien

Mamis Lieblingssommerblumen: afrikanische Agapanthus-Schmucklilien

„Was hat mir meine liebe Adoptierte wohl von ihrem Einkauf mitgebracht?“

Manchmal agiere ich als Türsteher oder Türvorleger

„Nanu, das sind aber nicht meine …

… dafür aber das hier – Mami hat es nur noch ein bisschen verziert …

Niki und ich – ganz relaxed

Quak-quak, Schabernack

Juli

„Hallo, meine Süße! Hast du mir schon wieder deine schönen Federchen geschenkt?“ Mami bückte sich, um einige Teile meiner hübschen Bekleidung aufzusammeln. Ich brauchte sie nicht mehr, denn ich wechselte gerade mein smartes Frühlingskostüm gegen eine schicke, luftige Sommergarderobe aus. Sie hatte akribisch eine umfangreiche Kollektion meiner Abwurfexponate angelegt und daraus, genau wie aus meinen Eiern, kleine Artefakte geschaffen. Sie wurden zum exquisiten Interieur des Blumenfensters und dienten den Orchideen als schmückendes Beiwerk. Die Blumen mussten sich mächtig anstrengen, damit ihnen meine Kunstwerke nicht die Show stahlen.

Ich hatte mich accessoiremäßig im Garten, neben Steinen, Lampen und Grün, arrangiert, als wieder einige Störenfriede zur Gartentür hereinkamen. Sie huschten an mir vorbei und bemerkten mich nicht. Perfekte Tarnung. Wenig später war die muntere Gesprächsrunde auf der Terrasse, und ich hatte mich darunter „eingeparkt" und belauschte sie. Plötzlich nahm ein Grasbüschel, das sich völlig untypisch, wie von allein hin- und herbewegte, meine ganze Aufmerksamkeit in Anspruch. Das musste ich mir sofort näher ansehen. Unglücklicherweise befand sich der grüne Bewegungsmelder genau in jener Gartenecke, aus der ich damals die unliebsame Bekanntschaft mit dem Marder gemacht hatte, und die war seitdem tabu für mich. Aber Neugierde ist meist stärker als Angst. Ich näherte mich zögernd und stocherte vorsichtig unter den Grasschopf. Nichts. Ich verharrte ruhig, meinen Hals wie eine Teleskopstange ausgefahren, und lauschte ...

„DiDi, was gibt's denn? Was siehst du denn Interessantes im Marder-Eck? Ganz außergewöhnlich mutig von dir, dass du dich wieder an diese gefährliche Stelle traust."

Meine liebe Adoptierte war die Stufen heruntergekommen und sah mich fragend an. Ich deutete mit dem Schnabel in die Richtung des mysteriösen Grüns, das sich erneut leicht bewegte. Sie tastete es ab und holte etwas Winziges, Graues, Pelziges hervor. „Ein Babymäuschen", rief sie überrascht und barg es in ihrer Hand.

„Du meine Güte, ist die putzig und süß!"

Süß? Das musste ich probieren. Blitzschnell war ich in ihre Hand gefahren, hatte den kleinen, quiekenden Nager geschmacklich für grauenvoll befunden – und schleuderte ihn in hohem Bogen von mir.

„Hallo, du Untier! Was soll denn das? DiDi, benimm dich! Das ist nichts zum Fressen und kein Spielzeug für dich", empörte sich meine mir Anvertraute und holte den Winzling aus dem Gebüsch.

„Was habt ihr beide denn da“, wollte mein großer Bruder, der herbeigeeilt war, wissen. Er stieß einen spitzen Entzückensschrei aus: „Ui-ta-ratatouille, ist ja urgeil, super, wieder ein neues Haustier!“
„Das wird wohl nichts werden“, meinte Mami zweifelnd, „denn sie ist noch blind und bräuchte zum Überleben Mäusemilch – und wo kriegen wir die her? Es ist echt zum Mäusemelken ...“
Das war in der Tat eine äußerst ungünstige Konstellation und Ausgangssituation für eine Jungmaus. Eine Katze, eine Kampfente, aber keine Mäusemama.
„Lass das nur meine Sorge sein, warf mein großer Bruder leichthin ein. ICH werde eben der perfekte Mäusemama-Ersatz oder „Mäusepapa“ sein. Das krieg ich schon hin.“
Kopfschüttelnd sah sie ihm nach. Eilig war er die Treppen hinaufgesprungen und im Haus verschwunden.
„Wo ist denn nur diese Einwegspritze, die wir einmal vom Arzt bekommen haben?“, hörte man ihn rufen. Und nach einem heißen Tipp: „Ja, danke, schon gefunden!“
Er hatte sich im Internet und in der Zoofachhandlung schlau gemacht, dann aber auf Mamis Anraten mit Wasser verdünnte Milch in die kleine, ihrer Spitze entledigten Injektionsspritze gefüllt und dem Mäusebaby an das winzige Mäulchen gehalten.
Tropfen für Tropfen träufelte daraus auf den Winzling, der sofort begierig die Feuchtigkeit aufleckte und seine Barthärchen mit den millimeterkurzen, rosa Vorderpfötchen, wovon eines noch dazu geknickt war, reinigte. Es war rührend, mit anzusehen, wie das kleine Ding seinen Überlebenskampf aufnahm und wie aufopfernd sich mein großer Bruder damit beschäftigte und sich darum bemühte, diesen Kampf auf Biegen und Brechen zu unterstützen.
Ich spürte wieder, wie dieses neuartige Gefühl in mir hochkroch – ich war eifersüchtig. Hatte ich schon unwirsch reagiert, wenn sich meine mir Anvertraute zu intensiv mit dem

Bodenaufwischmopp beschäftigte, so störte mich der Umstand, nun nicht mehr die Nummer eins im Herzen meines großen Bruders zu sein, gewaltig. Den nassen Mopp konnte ich ja attackieren und meinen Unmut damit kundtun, aber dem kleinen Mäuschen konnte ich so nicht beikommen. Dafür sorgten schon Mami und mein großer Bruder mit einem scharfen, konsequenten „Nein, DiDi, du hältst dich da raus!". Aber wenigstens kosten durfte ich von der interessanten „Mäusemilch"-Mischung aus der Injektionsspritze. Das versöhnte mich ein wenig mit der neuen Situation.
Drei Tage später öffnete „Juli" – so hatte mein großer Bruder sie genannt, weil ich sie im Juli gefunden hatte – ihre stecknadelkopfgroßen, schwarzen Äugelchen und bewegte sich bereits mäusemäßig flott durchs Leben. Viel Gelegenheit bekam sie allerdings nicht dazu, weil ihr „Mäusepapa" sie ständig mit sich herumschleppte. Sie hockte auf seinen Schultern, in seiner Hosentasche oder beim Fernsehen auf seinem Bauch, in unmittelbarer Nachbarschaft zu Niki, der sich ihr gegenüber ebenfalls gentlemanlike verhielt.
Ich hatte mich auch damit abgefunden und saß artig auf meinem „Enten-Perser". Sieben Lebewesen, wie sie unterschiedlicher nicht sein konnten, friedlich im Wohnzimmer vereint – das hatte schon etwas ...

„Juli"

SECURITY

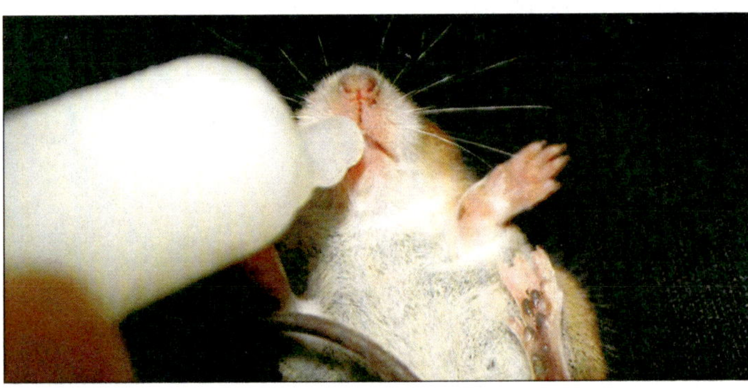

Ich war eifersüchtig: Nun war ich nicht mehr Nummer eins im Herzen meines großen Bruders.

... aber zumindest kosten durfte ich von der „Mäusemilch" aus der Injektionsspritze.

Ich hatte immer Spaß bei Gartenpartys
und keine Angst vor dem „Stubentiger“.

Mein großer Bruder hatte seine Frisur der meinigen angepasst.

Retour zum Wörthersee

Der Sommer zeigte sich von seiner schönsten Seite. Jetzt begann auch die angenehmste Zeit für meine Familie: Ferienzeit – Urlaubszeit.

„DiDi, schau, wie herrlich“, flötete Mami und blieb staunend vor den neu erblühten Gewächsen stehen. Pünktlich zur Ferienzeit im Juli erblühten alljährlich ihre Lieblingssommerblumen – blaue, afrikanische Agapanthus. Sie hatten sich auch heuer wieder an die interne, himmlische Abmachung gehalten und eröffneten die Ferienzeit in aller Schönheit.

Das war ebenfalls ein Grund, warum sie zu den Favoriten meiner Adoptierten zählten. Kein Schulstress mehr, keine schlechtgelaunten Kinder und davon angesteckte Eltern, nur mehr Freude und relaxen, entspannen und das Leben genießen.

Eben diesen Eindruck vermittelten diese exotischen Topfpflanzen, die meinen Pool umrahmten. Die überlangen dünnen Stängel wurden von großen Halbkugeln aus zarten blauen Sternen gekrönt. Wie ein langstieliges Glas Champagner mit „Blue Curaçao"-Eiswürfeln darauf. Cool. Über das ganze Gesicht strahlend, versenkte sie sich in den prachtvollen Anblick der acht Schmucklilienblüten. Acht Stück – noch dazu ihre Lieblingszahl! Wenn das kein gutes Omen für eine wunderbare Sommerferienzeit war.

Mich faszinierten diese Gebilde naturgemäß weit weniger, um nicht zu sagen, dass sie mich gänzlich kalt ließen. Ich strebte meinem Futterplatz zu, richtete mir meine „Nudelsuppe" an, verschlang mit großem Appetit die frischen Salatblätter und stopfte mit ungebremster Gier noch einige Schnecken als kulinarischen Abschluss in mich hinein. Dann nahm ich mit Genuss ein ausgiebiges Plätscherbad.

Mami sah mir eine Zeit lang versonnen dabei zu und meinte dann kryptisch: „Jetzt dauert es nicht mehr lange und du kannst den Minipool gegen eine sehr große Badewanne tauschen."

Ich hatte keine Ahnung, was sie damit meinte, aber ich sollte es in wenigen Tagen erfahren. Schon seit längerem registrierte ich, dass etwas in der Luft lag. Immer öfter wurde darüber gesprochen, wie denn das sein würde, wenn ich mich zum ersten Mal, nach dieser langen Zeit, wieder einmal in offenem Gewässer bewegen konnte. Ob ich mich meinen Artgenossen anschließen würde und der Auswilderungsversuch Erfolg hätte? Ich verstand nur „Bla-bla-bla-bla".

Mir ging nichts ab, und doch behaupteten einige Menschen, dass mir ein adäquater Partner fehlen würde, ich unter Gleichartige gehörte, und überhaupt müsste ich unbedingt zurück in die Wildnis. Mami meinte dazu immer nur lakonisch: „Man wird sehen. Das wird sich alles zeigen, wenn's so weit ist. Es wird kommen, wie es kommen soll. DiDi wird die richtige Entscheidung treffen."

„Gute Nacht, Schätzchen, schlaf gut, Pipilinchen! Morgen Abend beziehst du ein ganz anderes Nachtlager."
Mami deckte mein nächtliches „Duckarium" mit den zwei kleinen, handgewebten Teppichen zu und verließ den Terrassenunterbau.
Am nächsten Morgen war die Hektik im Haus noch größer, als sie zur Schulzeit meines großen Bruders gewesen war. Ich durfte zwar, wie immer, in unser „grünes Wohnzimmer", bemerkte aber doch das aufgeregte Hin- und Hergelaufe zwischen der Eingangstür und unserer vor dem Garten geparkten, blauen Blechkiste. Neugierig hatte ich mich hinter der Gartentüre postiert, damit mir nur ja nichts entginge.
„DiDi, du bist im Weg", nörgelte der noch größere Bruder meines großen Bruders und hievte eines der Fahrräder schwungvoll auf das Autodach. Schon kam mein großer Bruder mit zwei schweren Gepäckstücken und keuchte: „Ente, verschwinde, sonst bist du ein Omelette, wenn mir eine der Taschen aus der Hand rutscht."
Dann erschien Mami mit der Transportbox, hob mich schwungvoll hoch und setzte mich behutsam hinein. „So, mein kleines Didelchen, jetzt ist es so weit. Wir fahren zu deinem Geburtsort. Der Wörthersee wartet auf dich!"
Oh, wie ich es hasste! Auch wenn, zum Zwecke meiner Beruhigung, ein himmelblaues Tuch über meinen weich gepolsterten Duck-Behälter gebreitet war: Ich konnte einer Autofahrt einfach nichts abgewinnen und lamentierte, wie gewohnt, lautstark.
„Didelchen gib Ruhe! Nimm dir ein Beispiel an Niki", mahnte meine Adoptierte und reichte mir eine Schale Wasser. Der Kater lag mit stoischer Gelassenheit in seinem Transportkorb und hatte beschlossen, die Misere zu überschlafen. Juli, in ihrem kleinen, durchlöcherten Karton, gab ebenfalls keinen Mucks von sich – sie war mucksmäuschenstill. Wahrscheinlich pennte auch sie.

Schließlich sah ich ein, dass Jammern wirklich nichts nützte und beschloss, es Niki und der kleinen Maus gleichzutun. Das Katzentier verblieb bei der Großmutter und durfte daher die Enge bald gegen ein kuscheliges Plätzchen auf dem großen Bett tauschen.
Nach einer kurzen Pause setzten wir, nunmehr zu sechst, die Fahrt fort. Mir kam es wie eine Ewigkeit vor, als endlich der freudige Ausruf „Jungs, der Pyramidenkogel ist in Sicht, gleich haben wir's geschafft!" ertönte und damit erwartungsvolle Unruhe auslöste.
Die Blechkiste kam zum Stillstand, die Autotüren wurden aufgerissen und geschäftiges Treiben setzte ein. Mich bedeckte zwar noch immer die blaue Stoffbahn, aber ich spürte, dass etwas Seltsames in der Luft lag. Irgendetwas war ganz anders als in Wien, die Luft, die Feuchtigkeit, der Duft; ein Geruch, den ich von irgendwoher kannte. Was, wie, wo war das nur gleich? Es lag alles so weit zurück. Ich war plötzlich ungeheuer aufgeregt und zappelte und rumorte in meiner kleinen Tragebox so sehr, dass mich Mami kaum halten konnte.
„Ja Didsie, ist ja schon gut, noch ein kleines bisschen Geduld, gleich darfst du raus. Das wird eine Überraschung, warte nur ab ..." Sie trug mich schnellen Schrittes. Kies knirschte unter ihren Sommersandalen. „Ich bin mindestens so aufgeregt wie du. Bin gespannt wie ein Sonnenschirm, wie du auf das vertraute Gewässer reagieren wirst", schnaufte sie atemlos.
Die ganze Familie war in nervöser Erwartung und drängte beinahe gleichzeitig durch die kleine Gartentür, die zum Sommerhaus am Ufer des Wörthersees führte. Mein großer Bruder hatte sich meiner Voliere bemächtigt und sprang leichtfüßig und eilends die Treppen zum Haus hinunter. Erfreute Begrüßungsrufe empfingen uns. Endlich wurde das Tuch gelüftet, und ich durfte mein Gefängnis verlassen.
„Quikerli-quak!" Wo war ich hier gelandet? Blitzartig kamen Erinnerungen hoch. Alle aus meiner einstigen Großfamilie

waren wieder da: die Fröhlich-Resolute, die so gut und gerne kochte, der braune Asket, der beinahe so gut schwimmen und tauchen konnte wie ich, der große Starke mit der sonoren Stimme und dem gemütlichen Federkranz im Gesicht sowie mein liebliches Anti-Tanti!

Und dann sah ich die glitzernde, weite Fläche vor mir, sog fasziniert diesen unverwechselbaren Geruch ein. Meine Geburtsstätte, mein Wörthersee! Ich starrte wie gebannt auf den glänzenden Wasserspiegel, hatte nur mehr Augen für ihn. Noch ehe ich mich aber so richtig auf das Ereignis einstellen konnte, hatte mich der große Weißschopf hochgehoben und gab mir, ohne dass ich es so richtig wollte, Starthilfe. Er warf mich hoch in die Luft, über das Schutzgelände hinweg, hinaus in Richtung Wasserfläche.

Und ich flog. Ich flog, wie ich schon lange nicht mehr geflogen war, weit auf den geliebten See hinaus und zog dann in einem großen Bogen über die prachtvoll funkelnde, grünblaue Wasserlandschaft – in die große Freiheit. Ich sah nicht mehr, wie mir Mami fassungslos nachstarrte und traurig murmelte: „Das war's dann wohl. Das ist aber schnell gegangen. Den Abschied habe ich mir eigentlich ein bisschen anders vorgestellt."

Ihre Stimme brach. Sie drehte sich rasch um, bückte sich, nestelte an ihren Taschen herum und begann auszupacken, damit niemand sehen sollte, dass sie weinte.

Ich hatte weit draußen in der Bucht, punktgenau vor dem Schilfgürtel, in den ich im vorigen Sommer hineingeboren worden war, eine Bilderbuchlandung hingelegt. (Nicht so eine verdrehte, vermurkste, wie sie mir oft im Gras passiert war.) Qua-qua, Wasser ist eben mein Element! Elegant hatte es ausgesehen – so elegant wie ein Wasserflugzeug eben. Bedauerlicherweise war niemand in der Nähe, der mir applaudiert hatte, und so dümpelte ich gemächlich, aber zielstrebig zu meiner „Enten-" – äh – Menschenfamilie zurück.

Mami war gerade im Haus, um sich ein neues Taschentuch zu besorgen, als sie der Ausruf „Da ist sie ja wieder!" wie elektrisiert hochfahren ließ.

„Didelchen, mein süßes Pipilein, du bist tatsächlich zurückgekommen! Wie hast du bloß unseren speziellen Schilfweg wiedergefunden, unter den vielen anderen Schilfauslässen all der zahlreichen Häuser? Das grenzt ja an ein kleines Wunder!"

Quakerli-quack, von wegen Wunder – Orientierung, meine Liebe, simpler Orientierungssinn, dachte ich mir und beschnäbelte zart ihre Wange. Und dass ich wieder zurückgekommen war! Ich sah sie von der Seite an und ein Hauch von Spott lag in meinem Blick. Dummerchen, glaubte man wirklich, ich ließe meine liebe Adoptierte, meine mir Anvertraute samt Familie im Stich?

„Es sieht so aus, als ob an dieser Weisheit was dran wäre: ‚Was nicht zu mir gehört, kann ich nicht halten, was zu mir gehört, kann ich nicht verlieren'", flüsterte sie leise zu mir gewandt.

Alle freuten sich und waren glücklich, dass ich ihnen wieder die Ehre erteilte, für mich sorgen zu dürfen. Das Wiedersehens-, Begrüßungs- und Freudengeschnatter kam, lautstärkemäßig, einem wirklich gut bestückten Entenhof gleich.

Nachdem alle Utensilien im Haus verstaut, der Willkommenskuchen verschmaust und auch ich meine Ration bekommen hatte, kam der Augenblick, auf den sich Mami schon so lange gefreut hatte – der erste „Ausschwimm" mit mir. Das Gefühl war unbeschreiblich. Wir beide, Seite an Seite schwimmend, im rot-goldenen Licht der Abendsonne, in diesen unvergleichlich weichen, wohltemperierten Fluten. So sehen wahr gewordene Träume aus!

Mein Nachtlager bekam ich diesmal im Freien. Mein „Duckarium", von einem hohen Drahtgitter umgeben und von einem schützenden Handtuch bedeckt, wurde dicht an die Weinhecke, die das Schutzgeländer umrankte, gerückt. Mei-

ne liebe Adoptierte lagerte, zum Greifen nah, im Wohnzimmer. Durch die weit geöffnete, breite Tür konnten wir uns noch ein bisschen unterhalten, bevor uns das glucksende Plätschern der Wellen und das Rauschen und Raunen der Ulme in der nächtlichen Brise in den Schlaf sang.
Am nächsten Morgen präsentierte sich der See spiegelglatt. Die Farbpalette reichte vom dunkelsten Grün der unergründlichen Tiefen bis zum hellsten, zartesten Himmelblau mit Silberstreif in weiter Ferne. Fasziniert saß ich auf dem Holzgelände, auf das mich mein großer Bruder hochgehoben hatte, und beobachtete die Szenerie, wie in einem Freilufttheater, erste Reihe, fußfrei.
Auch ich war nicht unbeobachtet geblieben. Zwei prächtige Schwäne machten ihre Aufwartung. Sie näherten sich in ihrem unnachahmlich lautlosen, grazilen Stil und neigten elegant, beinahe demütig ihr Haupt vor mir. Ich fühlte mich wie eine Königin. Saß ich vorhin noch erste Reihe, fußfrei, so verhalf mir ihr Auftritt nun in die Kaiserloge. Große Oper – „Schwanensee" vom Feinsten.
Während ich noch etwas neidvoll auf die zwei prächtigen Weißen zu meinen Füßen starrte und sprachlos ihre Anmut bewunderte (unsereins kann da nicht mithalten), kam der braune Asket mit Futter für die Prächtigen. Inzwischen hatte sich schon eine große Anzahl meiner Artgenossen eingefunden, und auch sie bekamen ihren Futteranteil ab. Unter den gefiederten Schwimmfüßlern tummelten sich die geschuppten Flossenträger. Sie wurden mit geschälten Sonnenblumenkernen gespeist. Ich war in guter Gesellschaft – hier musste niemand Hunger leiden, alle wurden bestens ver- und umsorgt.
Meine Adoptierte erschien auf der Bildfläche mit einem seltsamen, violetten Ding unter dem Arm, und Anti-Tanti kündigte ebenfalls ihr Kommen an.
„Didelinchen, komm mit, wir gehen ins Wasser, um einen ‚Spazier-Schwimm' zu machen."

Sie schnappte mich vom Holzbalken und setzte mich auf die unterste Stufe der Metalltreppe, die zum Wasser führte. Dann tauchte sie in die erfrischenden Fluten ein, das violette Ding, das sie sich mittels Schnur ums Handgelenk gebunden hatte, hinter sich herziehend.

Quakerli-quak! Das Schwimmbrett, Flashback, die Erinnerung flammte wieder auf. Ich näherte mich vorsichtig, und da es auch heuer keinerlei Angriffe gegen mich ritt, erklomm ich es mit einem schwungvollen Hopser. Das war genau das Richtige für mich. Hundebesitzer führen ihre Vierbeiner an der Leine, Mami hatte stattdessen eine Ente an der Leine. In Anlehnung an einen Filmklassiker hatte ihr der größere Bruder meines großen Bruders den treffenden, indianischen Namen „Die mit der Ente schwimmt" zuerkannt.

Mit einem Seitenblick auf die großen, stolzen Schwäne meinte sie: „Ich kann nur immer wieder betonen, wie froh ich bin, dass mich voriges Jahr nicht ein solcher adoptiert hat."

Anti-Tanti ließ ihr helles, perlendes Lachen über diese Vorstellung und meinen drolligen Anblick auf dem violetten „Serviertablett" ertönen. Ich genoss den Ritt über die Wellen, sprang hin und wieder ins kühle Nass und liebte es, unter meiner mir Anvertrauten durchzutauchen. In einem Anfall von Übermut zwickte ich sie manchmal in den Po und war im nächsten Augenblick schon wieder außer Reichweite.

„Na warte, du Rübe, wenn ich dich zu fassen kriege!", schallte es dann in gespielter Entrüstung übers Wasser. Den Zeigefinger hob sie warnend in meine Richtung. Ich kicherte in mich hinein, denn ihre Drohgebärden waren nie wirklich ernst zu nehmen, und tauchte ab, um gleich darauf vor ihrer Nasenspitze wieder an die Oberfläche zu kommen und ihr ins Gesicht zu spritzen.

Anti-Tanti hatte vor Lachen einen Schluck Seewasser, von dem behauptet wird, dass es Trinkwasserqualität aufweist, genommen, verzog das Gesicht und klammerte sich prustend an meine violette Schwimminsel. Noch immer lachend, hielt sie nun aber den Kopf möglichst hoch, denn ganz dürfte sie vom Geschmack des smaragdgrün Schimmernden doch nicht überzeugt gewesen sein. Ich konnte jedenfalls nicht genug davon kriegen. Am Nachmittag wurde ich durch ein helles, vielstimmiges Piepsen geweckt. Neugierig eilte ich aus meinem schattigen Plätzchen zum Wasser. Die Großfamilie hatte sich vollzählig versammelt, um die Neuankömmlinge zu bestaunen. Eine Entenmutter mit ihren elf winzigen Küken war zu Besuch gekommen.

„Mein Gott, wie süüüüüüüß! Wie herzig! Entzückend!" Die Familienmitglieder waren enthusiasmiert. „Die sehen genau so aus wie unsere DiDi damals."

Ich beobachtete, wie bemüht die Entenmutter war, ihre herumwuselnden Kleinen zusammenzuhalten. Konnte ganz schön stressig sein. Ich überlegte, wie es wohl gewesen wäre, hätte ich solch eine Mama und Geschwisterchen gehabt. Mein Leben wäre mit Sicherheit ganz anders verlaufen. Ob es schöner, interessanter, spannender gewesen wäre, konnte ich mir beim besten Willen nicht beantworten. Dazu fehlte mir die Vergleichsmöglichkeit.

Nach einigen Tagen suchte uns die Entenmutter wieder auf. Sie hatte noch neun Junge bei sich, zwei Tage später waren es nur mehr sieben und letztendlich blieben gar nur fünf übrig: Das Wildleben musste ganz schön gefahrenreich sein! Ich gelangte zu der Überzeugung, dass es das Schicksal gut mit mir gemeint hatte, mir so eine fürsorgliche Mama zur Adoption überlassen zu haben. Entenmütter haben meist viele Kinder zu beschützen und die Schwächsten bleiben auf der Strecke. Ich aber hatte eine Mutter ganz für mich allein. Ich wurde verwöhnt wie ein Einzelkind.

„Geh, gebt mir das Kuchenblech zu den Fischen", bat die Fröhlich-Resolute, und man eilte herbei, um ihrem Wunsch nachzukommen. Das mit spärlichen Früchtekuchenresten ver-

klebte Backblech wurde im See versenkt. Sofort scharten sich hunderte große und kleine Schuppentiere um die Köstlichkeit und im Nu war das Metall blitzblank. Der Naturgeschirrspüler funktionierte noch genauso gut wie im Vorjahr. Die Maschine in der Küche konnte der Marke „Wörthersee-Fisch-Abwasch“ bei weitem nicht das Wasser reichen.
Mein großer Bruder nahm mich wieder zum Schwimmen mit. Nun konnten mir die größten Flossenträger nicht mehr gefährlich werden. Keine Angst mehr vor dem Verschlucktwerden. Sorglos schnäbelte ich kleine Muscheln, Mücken und Algen und dümpelte vergnügt zwischen den Schilfhalmen umher. Mami hatte mir wieder ein Sackerl voll Heuschrecken vom nahen Bahndamm besorgt, die ich, nach dem Bad, begeistert in mich hineinfutterte.
Besonders spektakulär war die Ausfahrt mit einem alten Surfbrett, das, mit einem Paddel versehen, zum „Ruderboot“ umfunktioniert wurde. Ich, vorne drauf als Galionsfigur, und mein großer Bruder als Ruderer: Das machte schon was her. Es dauerte nicht lange und wir zwei erregten beträchtliches Aufsehen mit dieser Aktion. Staunende Schwimmer und Bootsleute drehten bei, um sich das seltsame Duo aus der Nähe anzusehen.
Genauso erging es uns, wenn mich meine mir Anvertraute mit dem Schwimmbrett ausführte. Wir galten bald als kleine Sensation in der Pritschitzer Bucht. Meine Anwesenheit hatte sich wie ein Lauffeuer verbreitet, und Mami wurde nicht müde, den täglich wechselnden Interessenten wieder und wieder unsere seltsame Adoptionsgeschichte zu erzählen. Staunende „Ahs“ und „Ohs“, ungläubiges Kopfschütteln sowie fachliche Fragen über mein entliches Befinden und meine Bedürfnisse, ließen die kleinen Badeausflüge zu ausgedehnten Interview- und Konferenzschwimm-Runden werden.
Wir wurden gefilmt und fotografiert, und immer wieder kam die Aufforderung, die originelle Story doch weiter zu publizieren. Der anstehenden „Starnacht am Wörthersee“ hatte ich

beinahe schon den Rang abgelaufen. Meine liebe Adoptierte ließ es sich nicht nehmen, auf Feriengrußkarten alberne Reime zu schreiben, wie etwa:

Der wahre „Star vom Wörthersee“
trägt „Flossen“ schon seit eh und je –
und schmuck und schön, perfekt gestylt,
das wasserfeste Federkleid.
Zeitungsleut', sehr interessiert,
haben wieder reportiert.
Demnächst erscheint DiDis Portrait,
als wahrer „Star vom Wörthersee“.
Herzlichen Gruß, qua-qua, qui-qui,
von DiDi und der Family.

Wir hatten von einer lieben Freundin die Einladung bekommen, sie in ihrer schönen, alten Villa in Pörtschach zu besuchen. Das heißt, eigentlich war mit der Einladung nur meine Familie gemeint, denn sie wusste noch nichts von meiner Existenz.
Der Nachmittag war, wie jeder Tag bisher, sehr heiß, und meine Lieben wollten per Fahrrad zu dem Treffen. Mami sah von einem zum anderen, ob sich in der Zwischenzeit jemand fände, der auf mich aufpassen würde, aber irgendwie waren plötzlich alle sehr beschäftigt. Es wurde in der Küche rumort, der braune Asket war in ein Buch vertieft, der große Starke mit der sonoren Stimme kreuzworträtselte stumm im Schatten der Ulme und Anti-Tanti äußerte schüchtern Bedenken wegen der unberechenbaren Nachbarskatze.
Kurz entschlossen verfrachtete mich Mami in die kleine Transportbox, deckte sie mit einem Handtuch gegen die heiße Sonne ab und fixierte mich auf dem Gepäckträger ihres Fahrrades. „Du kommst einfach mit, DiDi. So, los, fahren wir!“, rief sie der Familie zu und schwang sich auf den feurig-roten, schnittigen „Fahrradi“.

Das an iher Zurechnungsfähigkeit zweifelnde: „Das wird doch nicht dein Ernst sein?" ihres Partners hörte sie schon nicht mehr, weil wir beide den anderen bereits ein gutes Stück voraus waren. In den Gemäuern der Villa war es angenehm kühl. Mein „Fahrradi"-Chauffeur stellte mich, ohne Kommentar, gleich hinter der Eingangstüre im Foyer ab. Die Familie wurde mit überschwänglicher Freude begrüßt und in die eleganten Räumlichkeiten, denen noch ein Hauch des Odeurs vergangener Epochen anzuhaften schien, zum Imbiss mit Champagner gebeten. Ich saß ruhig in meiner Ecke und harrte der Dinge, die möglicherweise auf mich zukommen würden – oder auch nicht. Nach dem Geschüttle und Gehopse auf Mamis Drahtesel war ich froh über die Gelegenheit, nun in aller Ruhe mein Federkleid in Ordnung bringen und anschließend einen entspannenden Schönheitsschlaf halten zu können.

„Du lieber Himmel, ist die aber niedlich! Das ist ja eine tolle Geschichte", hörte ich die fremde, freundliche Stimme sagen. Ich schielte nach oben, wo ein Zipfelchen des Tuches gelüftet worden war. Die strahlenden Augen und die blonden Haare passten perfekt zur Stimme, die gleich darauf vorschlug: „Jetzt müssen wir mit DiDi aber unbedingt zu unserem Grundstück am See."

Gesagt, getan. Ich war auch dort, unter all den feinen, etwas blasiert wirkenden Leuten, der Star. Mit größtem Selbstverständnis schwamm ich inmitten meiner Familie, der freundlich-herzlichen Gastgeberin und ihrer lieblichen Schwester, die sich dazugesellt hatte, in der Pörtschacher Bucht, ließ mich bewundern und die anderen gefiederten Schwimmer links liegen.

Traumerpel-Schwiegersohn

Ein schöner Tag reihte sich an den anderen. Da ich mich noch immer weigerte, alleine ins Wasser zu springen, bekam ich immer wieder Starthilfe von verschiedenen Mitgliedern meiner Großfamilie, und Mami reagierte längst nicht mehr entsetzt darauf, wenn ich in weitem Bogen über die glitzernde Fläche zog und irgendwo, außer Sichtweite, landete. (Mein Lieblingsanflughafen war sowieso einfach zu erraten – meine Geburtsstelle.) Immer öfter wurde der Vorschlag unterbreitet, man sollte nun, da ich eine erwachsene Entendame war, auf die Suche nach einem geeigneten männlichen Partner für mich gehen. Ich persönlich hielt davon ja gar nichts, aber ich ließ ihnen ihren Spaß, für mich auf Bräutigamschau zu schwimmen. Da und dort schien ein passender Erpel für mich ausfindig gemacht, aber ich zeigte jedem die kalte Schulter (wenn man das bei unsereins so nennen kann).

Dann entdeckte Mami ihren Lieblingserpel-Schwiegersohn unter den zahlreichen Anwärtern. Höflich, lieb, sanftmütig und wunderschön war er. Er näherte sich mir respektvoll, aber mit unverhohlenem Interesse und schenkte seiner hübschen, weiblichen Begleitung keine Beachtung mehr. Er hatte wirklich nur noch Augen für mich und umkreiste fasziniert meine violette Schwimminsel, auf der ich thronte und ungerührt über ihn und seine Flirtversuche hinwegsah.

Unermüdlich versuchte er, meine Aufmerksamkeit auf sich zu lenken, indem er anmutig sein blau-grün schillerndes Köpfchen auf- und absenkte, leise, beinahe flehende Laute von sich gab, kurz ins Schilf driftete, um etwas schelmisch daraus hervorzulugen, immer dicht gefolgt von seinem weiblichen Fan.

„Mein lieber Schwan, wie romantisch", frohlockte meine liebe Adoptierte entzückt.

„Lohengrin ist geradezu schwach dagegen. DiDelchen, du hast einen ernst zu nehmenden Verehrer!"

Unter dem Motto: „Es gibt keine zweite Chance für einen ersten Eindruck", legte er sich mächtig ins Zeug.

Hingerissen von seiner prachtvollen Erscheinung und seinem vornehmen Werben um mich, raunte sie mir verzückt zu:

„DiDsie, – jetzt oder nie ..."
Der große Weißschopf, der die Szene von weitem beobachtet hatte, riet Mami, sich von mir zu entfernen, um so die Chancen des um meine Gunst Buhlenden zu erhöhen. Doch so sehr sich der Schönling auch um mich bemühte, ich ignorierte ihn vollkommen und sah nur zu, wieder schnell in die Nähe meiner mir Anvertrauten zu kommen.
„Quakerli-qua, vergebliche Liebesmüh, mein Hübscher ..."
Eines Morgens kam ich von meinem Ausflug mit einer Schar Gleichartiger im Schlepptau zurück nach Hause. Sie hatten sich einfach unaufgefordert an meine Schwimmfüße geheftet und waren in meinem Kielwasser bis zu unserem Schilfeinlass mitgekommen. Was sollte ich tun? Ich hatte kein besonderes Interesse an ihnen, sie aber offensichtlich an mir.
Ein junger Enterich mit seinem Harem umkreiste mich, als ich Anstalten machte, die erste Stufe unserer kleinen Treppe zu erklimmen. Er schnatterte aufgeregt und drängte seine Mädels zurück, damit er sich für mich in Pose werfen konnte. Ich sah seinem penetrant aufdringlich-lächerlichen Getue eine Weile zu, durchkreuzte seine ehrgeizigen Pläne aber indem ich völlig unhektisch die Stufen erklomm und ihm kühl lächelnd meinen Pürzel zeigte.
Wenige Tage darauf besuchte mich Mamis Lieblingsschwiegersohn-Erpel sogar auf unserer Terrasse. Es regnete. Da mir ohne meine Familie draußen langweilig war, durfte ich in meiner Voliere bei ihnen im Wohnzimmer sein. Der Auserwählte meiner lieben Adoptierten war so verliebt in mich, dass er seine Scheu ablegte, den Flirtfaktor kühn um ein Vielfaches erhöhte und an die Scheibe der Terrassentüre klopfte, um mich herauszubitten. Ich aber war gerade in mein Stylingprogramm vertieft und würdigte ihn keines Blickes, denn bei meiner Schönheitspflege lasse ich mich generell nie stören.
Die große, ungebrochene Aufmerksamkeit, die unserer Symbiose entgegengebracht wurde, hatte Mami zur Überlegung ver-

anlasst, doch wieder mit der Zeitung, die im Vorjahr so nett über mich geschrieben hatte, Kontakt aufzunehmen, damit sich noch mehr Menschen an meiner Geschichte erfreuen konnten. Prompt kam anderntags eine junge hübsche Lady, die mit ihrer fröhlichen und offenen Art sofort mein Herz gewann. Ich war von ihr so angetan, dass ich für sie posierte, als ob ich nie etwas Anderes in meinem Leben getan hätte. Für sie steckte ich meinen Schnabel sogar in das kleinformatige Blatt, für das sie arbeitete, um den Eindruck höchsten Interesses an den vielen, geschriebenen Unnötigkeiten zu erwecken.
Sie war begeistert und steuerte zu dem einseitigen Bericht, der zwei Tage später erschien, meisterhafte Fotos bei. Meine Großfamilie war beeindruckt, und freudestrahlend wurde das Blatt herumgereicht. „Na endlich was G'scheites in der Zeitung", kommentierte mein großer Bruder.

Gebirgsausflug

Anti-Tanti war von schönen Steinen genauso fasziniert wie meine liebe Adoptierte. Sie wollten zu einem der zahlreichen Flussläufe fahren, um vom Gebirgswasser rund geschliffene Kiesel zu holen. Die anderen Großfamilienmitglieder waren von der Idee ebenso angetan, also musste auch ich mit.
Misstrauisch beäugte ich das glasklare Rinnsal, das sich zusehends, leise glucksend und sprudelnd über bizarre Felsbrocken seinen Weg bahnte und sich in weiterer Folge in ein breites, ausladendes Bachbett ergoss. Das Gebirgswasser hatte sich in mehrere kleine Bächlein aufgeteilt. Auf den dazwischen liegenden Schotterbänken blühten dicke Büschel zarter, blauer Glockenblumen. Mami, Anti-Tanti und mein großer Bruder hüpften von Stein zu Stein und bückten sich da und dort, um ein besonders schönes Exemplar aufzuheben. Der noch größere Bruder meines großen Bruders steckte nur die Zehen in das eiskalte Nass

und verzog sich dann in den Schatten, wo sich bereits der große Starke mit dem großen Weißschopf über ihre Lieblingsthemen Tennis und Fußball, Innen- und Außenpolitik sowie die Weltwirtschaftssituation im Allgemeinen unterhielten. Sie hatten bequem auf riesigen Felsblöcken Platz genommen und freuten sich schon auf ein ausgiebiges Mittagessen, das im Anschluss an die Steinsuche geplant war.

Alle waren beschäftigt, nur ich stand ratlos herum. Ich fühlte mich so deplatziert wie ein Fisch beim Bergsteigen.

„Didsie, was ist mit dir? Magst du nicht ins Wasser? Hast du gar keinen Durst?"

Meine „Stein"-reiche Adoptierte schleppte ihre Fundstücke ans Ufer und sah fragend zu mir herunter. Die Sammelleidenschaft des Menschen erfasst Kunst, Weine, Uhren, Briefmarken, Steine und manchmal so seltene Dinge wie Erkenntnisse und Wissen. Meine mir Anvertraute konnte nun ihrer Sammlung die Erkenntnis und das Wissen beifügen, dass Wildenten absolut keine Vorliebe für Gebirgswasser haben. Diese intellektuelle Lücke konnte sie somit schließen.

Damit hatte sie nicht gerechnet. Nicht einmal kosten wollte ich das Geplätscher. Ich litt doch nicht an unheiliger Geschmacksver(w)irrung, und wer weiß, vielleicht konnte unsereins davon sogar Halsschmerzen bekommen. Entengott bewahre! Da hatte ich eine brillante Idee. Wie wäre es, wenn ich weiter hinauf in Richtung Wald, dort oben irgendwo, Nachschau halten würde, ob nicht vielleicht dort ein netter, kleiner Waldsee für mich wäre.

Kurz entschlossen hob ich ab, zog unter jener hohen Brücke durch, die die Straße trug, auf der wir gekommen waren, strich flach das Bachbett entlang, bis knapp an den Waldrand und ließ mich auf einer Kiesbank nieder.

Mein Abschwirren sorgte für Dramatik. Mami malheurisierte gewaltig und sah das ersehnte Mittagessen in unerreichbar weite Ferne gerückt. „Dieses Vieh", motzte sie, „muss sie ausgerechnet

jetzt wegfliegen. Das kann Stunden dauern, bis wir sie in diesem unwegsamen Gelände gefunden haben. Wenn überhaupt ..."
Ihre Verzweiflung war deutlich zu spüren, denn die Stimme drohte kläglich zu kippen. Zu den „Schatten"-Männern meinte sie in weinerlichem Ton: „Ihr könnt ruhig vorausfahren und euer Essen genießen – holt mich in ein paar Stunden wieder ab. Mal sehen, ob ich DiDi noch irgendwo finde."
„Ganz ruhig, das habe ich gleich", meinte mein großer Bruder, bemüht um einen beiläufigen Tonfall, was die Wirkung seiner Aussage noch erhöhte.
„Was meinst du mit ‚gleich'? Wir wissen ja nicht einmal, wie weit sie geflogen ist. Was, wenn sie im Wald gelandet ist? Was, wenn Jäger oder gar Wilderer in der Nähe sind?"
Vor ihrem geistigen Auge spielte sich wieder einmal das „worst case"-Szenario ab. Aber das hörte mein großer Bruder schon nicht mehr, denn er bahnte sich flink und wendig, trotz Flip-Flops an den Füßen, seinen Weg über Stock und Stein und Wasserläufe.
„Ich hab sie!" Triumphierend hob er mich hoch und winkte mit mir zu den schon bange Wartenden in der Ferne.
Ich war froh, wieder in meiner Autobox zu sitzen, genoss das herrliche Wörthersee-Wasser aus dem mitgenommenen Proviantfläschchen, lauschte den aufgewühlten Schilderungen und wunderte mich wieder einmal über die Erregung, die mein kleiner Ausflug ausgelöst hatte.

Verliebt

Freiheit bedeutet, dass man nicht alles so machen muss wie andere Enten. Ich hatte mich verliebt – vielleicht auch nur verguckt, so genau wusste ich um meine Gefühle noch nicht Bescheid.
Er war eine bildschöne Erscheinung – beinahe atemberaubend. Rotbraun, mit weißem Streif, und sein Haupt zierte eine klei-

ne schwarze Federkrone. Zwei schwarze Federbüschel standen keck, wie zwei kühne Hörnchen, von seinem schmalen Scheitel ab und gaben ihm ein kühnes, wenn nicht gar verwegenes Aussehen. Das gestromte Gesicht, der zierliche spitze Schnabel, die länglichen schwarzen Streifen an den Augen, die wie überdimensionale Schlitze anmuteten, gaben ihm jenen exotisch-asiatischen „Touch", auf den manche Frauen so fliegen.
Mich hatte es voll erwischt. Ich beobachtete ihn gebannt und mit einer gewissen Begehrlichkeit, wie ich mir eingestehen musste. Er war ein brillanter Schwimmer und ein noch besserer Taucher. Ein Haubentaucher. Ich musste ihn kennen lernen. Aufs Feinste gestylt, schwamm ich, so grazil wie möglich, zielstrebig auf das Objekt meiner Begierde zu und umkreiste ihn kokett.
Er warf mir einen raschen Seitenblick zu, den ich in der Geschwindigkeit unmöglich deuten konnte und – tauchte ab. Weg war er. Er hatte mich einfach abblitzen lassen. Eingebildeter Schnösel.
Na gut, dachte ich, dann halt nicht – und schwamm zu meiner Familie zurück. Ich drehte mich nur ein einziges Mal um. ... und dann noch einmal ...

Meine Entscheidung

27. Juli – mein erster Geburtstag und wieder strahlender Sonnenschein am für mich schönsten See der Welt. Ich saß wieder auf meinem Spezialausguck, dem schmalen Brett des Holzgeländes, und begrüßte die Gratulantenschar. Jede Menge Wildenten schnatterten unter mir, Blässhühner stießen ihre kurzen, markanten Rufe aus, die wie Tröten klangen, und die Schwäne näherten sich auch mit lautem Zischen, denn sie hatten ihr Junges mit dabei. Ein fulminantes, kakophonisches „Happy Birthday"- Ständchen.

Mir gefiel der gemischte Chor ausgezeichnet, und ich nahm die Darbietung huldvoll entgegen. Diesmal hatte Anti-Tanti ihren berühmten „Rumkipferlmasse“-Schokokuchen gebacken. Mami brachte ein Stück davon in Entenform, schmückte das leckere Kunstwerk mit einer Kerze und überreichte es mir, unter allgemeinem Gelächter und Applaus, zum ersten Jahrestag. „Meine kleine DiDi, nur noch zwei Tage Ferien am See. Noch kannst du dir eine neue Familie, einen anderen Lebenspartner suchen.“
Meine liebe Adoptierte überreichte mir, als besonderes Geburtstagspräsent, eine gut gefüllte kleine Papiertüte mit Hüpferköstlichkeiten. Hatte ich zuvor die schöne Geburtstagstorte nur beiläufig, mit einem flüchtigen Blick gestreift, stürzte ich mich jetzt mit Heißhunger auf Mamis Beute.
Der letzte Ferientag war angebrochen, und wieder herrschte das bekannte Chaos in dem kleinen Haus am See. Unzählige kleine und größere Dinge lagen zum Einpacken bereit. Ich hatte mich von dem geschäftigen Treiben distanziert und suchte draußen nach Heupferdchen und anderem Essbaren. Lange ließ ich meinen Blick über den See schweifen und prägte mir das Bild gut ein. Heimat ist transportabel. Man kann sie mitnehmen, wenn man sie in der Jugend festgemacht hat – wenn man sie fest in sich hat. Meine seeblaue Voliere stand bereit.
„Was macht ihr nun mit DiDi, lasst ihr sie da?“ Der freundliche junge Nachbar kam, um sich zu verabschieden.
Meine mir Anvertraute hob unsicher die Schultern: „Sie hat noch eine viertel Stunde Zeit, sich zu entscheiden.“
Ich zwinkerte ihr zu. Hatte sie es bemerkt? Wohin blickte sie nun schon wieder? Woran dachte sie? Meine Entscheidung war längst gefallen, sonnenklar, so klar wie mein geliebter Wörthersee …
Neben meiner Transportbox hatte ich es mir bequem gemacht, ich saß und wartete und mein „Gi-gi-gi-gi-put-put-put-quat“ konnte ohne weiteres als „Na, was ist – fahren wir nach Hause?“ übersetzt werden.

Zurück an meinem Geburtsort – dem wunderschönen Wörthersee

Erinnerungen an damals wurden wachgerufen … ich konnte mich kaum sattsehen …

… da erhielt ich unvermutet Starthilfe …

Ob die nicht eine Nummer
zu groß für mich sind?

Dann kam der langersehnte Augenblick ...
Manche führen Hunde an der Leine ...
... Mami hatte ihr Schwimmbrett an der Leine –
mit einer Wildente obendrauf ...

Sommerferien vom Feinsten …

„Soll ich's wagen? Ja, qua-qua!"
Ich zog in großem Bogen über den See und landete vor dem Schilfgürtel, in den ich hineingeboren worden war.

Mamis Lieblingserpel-Schwiegersohn hofierte mich auf meiner Schwimminsel, kam mich zu Hause besuchen ...

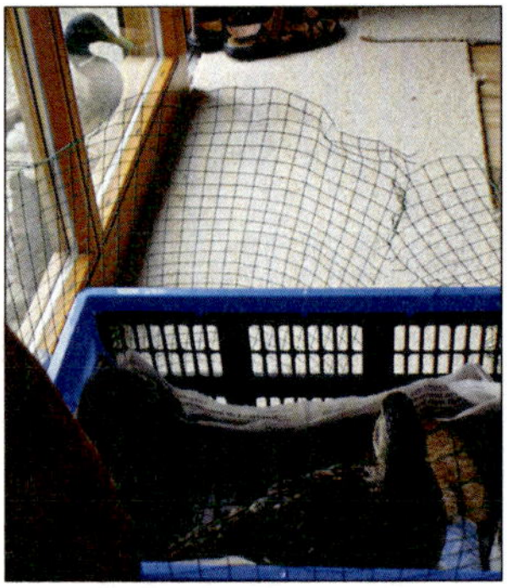

... und klopfte gar an die Scheiben, um mich herauszubitten ..., aber ich konnte mit ihm nichts anfangen.

Unser kleines Ferienhaus über dem Wasser

... und ich unter dem Wasser

„Bauch-Gefühl"

Mich abzutrocknen, wäre aber nicht notwendig gewesen

Verschiedene Schwimmvögel liebten es, mit mir zu baden

In der Bucht von Pörtschach

Die sympathische Reporterin und Fotografin
gab sich große Mühe, mich ins beste Licht zu rücken …
… ob als Galionsfigur auf dem E-Boot oder auf dem Surfbrett –
ich machte überall eine gute Figur.

Donnerstag, 26. Juli 2007 — KÄRNTEN — Seite 15

Täglich ging es mit der Adoptivmutti auf Männerschau. Bisher hat die Entendame aber alle Erpel am Wörther See verschmäht.

Auswilderungsversuche blieben erfolglos:

Ente „Didi“ will nicht zurück nach Kärnten

Aus dem Wildenten-Küken ist eine Dame geworden: Im Sommer 2006 hatte „Didi“ noch als flauschiges Baby eine Kärnten-Urlauberin aus Wien als neue Mama „adoptiert“. Heuer sollte die Ente am Wörther See wieder ausgewildert werden. Doch sie will nicht nach Kärnten zurück. Sie bleibt bei ihrer Menschenfamilie.

„Didi sollte den Wörther See, wo sie geboren wurde, als neuen Lebensraum annehmen“, erklärt Entenmama René [redacted] Man wollte das liebgewonnene Federvieh in Pörtschach wieder in die Freiheit entlassen. Doch die selbstbewusste Ente entschloss sich, bei ihrer Familie zu bleiben und nur für die Zeit des Urlaubs in Kärnten zu bleiben.

Mit der Ersatzmutti ging es in diesen Tagen mit dem Surfbrett auf Männerschau. „Bisher wollte Didi noch nichts von einem Erpel wissen. Nur ein Haubentaucher hat es ihr angetan. Doch der hat sie abblitzen lassen“, so [redacted] Die Entendame wird nach ihrem Urlaub wieder nach Wien fahren. Dort ist sie ja schon längst der Liebling aller Nachbarn.

▲ *„Didi“ mit ihrer Familie auf Urlaub am Wörther See. Auswilderungsversuche sind misslungen.*

◀ *Aus dem Küken „Didi“ ist dank der liebevollen Pflege von Rene [redacted] eine selbstbewusste Entendame geworden.*

An diesem Tag war ich der „Star vom Wörthersee“.
Ich war der Star von Seite 15!

Samstag, 28. Juli 2007 — ÖSTERREICH

Ente „Didi" bleibt bei Adoptivmama

Foto: Evelyn Hronek

Nicht weg von ihrer „Adoptivmutter" will Wildente „Didi". Die Wienerin René [redacted] hatte sich im vergangenen Sommer, während ihres Kärnten-Urlaubs, um das verstoßene Küken angenommen und es liebevoll großgezogen. Als die beherzte Tierfreundin das mittlerweile ausgewachsene Federvieh nun in Pörtschach wieder in den Wörther See auswildern wollte, machte ihr „Didi" einen Strich durch die Rechnung. Die lieb gewonnene Wildente wollte einfach nicht ins Wasser und blieb stattdessen stur an der Seite von Mama [redacted]

Dieses Bild von mir erschien sogar österreichweit und sorgte dafür, dass mich viele Mitenten – äh – Mitmenschen kennen lernten.

Ich und Gebirgswasser – was hatte man sich da gedacht?
Brrrr ... – und vielleicht konnte unsereiner davon sogar
Halsschmerzen bekommen.

Mein erster Geburtstag – ich saß erste Reihe fußfrei und lauschte
dem gemischten Chor der Gratulantenschar ...

... später bekam ich von meiner lieben Adoptierten noch einen Geburtstagskuchen in Entenform, ...

… aber die Heuschrecken,
die sie mir als Geschenk überreichte, schmeckten mir viel besser.

Ich prägte mir alles noch einmal gut ein …

Eine andere Entenmama,
aber ihr blieben von den vielen Kindern nur wenige übrig ...

Ich erhielt Besuch von einer jungen Mama mit ihren Halbwüchsigen,
hatte aber keine Zeit für sie,
da ich gerade meinen Schönheitsschlaf hielt ...

Wörthersee-Fisch-Abwasch

Freitag, 25. Juli 2008 — STEIERMARK — Seite 15

Tipps und Tricks vom Experten ● Nur Vorbeugung hilft wirklich gegen Schädlinge

Kampf gegen Schnecken-Plage

Jeder kennt sie, jedem graut davor: Gemeint ist die gefräßige rote Wegschnecke. Und die sorgt in der Steiermark wieder für eine ordentliche Plage. Der Grund ist das feuchte, nicht zu heiße Wetter. Aber, so die Experten, das Problem ist hausgemacht: Jeder könnte es leicht in den Griff kriegen. Mit Vorbeugung . . .

Zig steirische Gärten sind übersät mit den spanischen Wegschnecken. Unzähliges an Pflanzen und Gemüse ist zerfressen, Jungpflanzen sind komplett ruiniert. „Dabei“, sagt der Experte Arthur Schnitzer, „sind die Schnecken immer da, nur nimmt man sie meist erst wahr, wenn das Wetter feucht ist und die Tiere gefräßiger sind.“ – Schnecken vertilgen pro Tag die Hälfte ihres Körpergewichts.

VON MICHAEL JAKL

Der heutige Schnecken-Bestand ist das Ergebnis vom Herbst 2007: Wer nichts gegen die Vermehrung getan hat, hat jetzt das Problem. Schnitzer setzt auf Vorbeugung: „Jetzt ist Paarungszeit, in den kommenden Wochen gibt's die Larven. Wer dann reagiert, hat im nächsten Jahr fast Ruhe.“ Die Experten-Tipps gegen die Schneckenplage:

- Anlegen von künstlichen Schlafstellen (alte Bretter, Dachziegel, Steine) als Unterschlupf, um Schnecken und Larven abzusammeln.
- Laufenten fressen die Schnecken; man kann sie auch mieten.
- Kräuter-Geruchsschutzwall um das Gemüse bauen.
- Zu chemischen Ködern wird nicht geraten.
- Immer morgens gießen und nur um die Wurzelballen des Gemüses und der Zierpflanzen.
- Bierfalle: Graben Sie einen mit Bier halb gefüllten Joghurtbecher zwei bis drei Zentimeter über die Erde ragend ein.

„Die Schnecken kann man nur mit Aktivitäten übers ganze Jahr in den Griff bekommen.“
Arthur Schnitzer, Schneckenexperte

Fotos: Hronek/Schneckengreif

Die Spanische Wegschnecke wird alljährlich zur Plage – gerade jetzt, nach der feuchten, nicht zu heißen Zeit fühlt sie sich pudelwohl und ist höchst gefräßig unterwegs. ▶

▲ Die indischen Laufenten lieben Schnecken – sie können selbst für einen Stadtgarten gemietet werden. Aber: Die richtige Pflege ist Pflicht.

Dieser Bericht entpuppte sich als echte „Zeitungsente“ – ich verabscheute die rote spanische Wegschnecke, sie schmeckte einfach grauenhaft und verklebte mir den Schnabel noch dazu.

Donnerstag, 17. Juli 2008 — KÄRNTEN — Seite 25

Wildente „Didi“ wieder auf Kärnten-Besuch ● Ziehmutter arbeitet an Entenbuch

Heiße Flirts auf dem Wörthersee

Kräftig umworben wird das Entenfräulein „Didi“ von bunten Erpeln. Die Wildente war im Sommer 2006 als Küken von Urlaubern aus Wien adoptiert worden. Seither kehren die Gäste und ihr Haustier Jahr für Jahr an den Wörthersee zurück.

„Didi ist inzwischen ein fixes Familienmitglied geworden“, erzählt Entenmama René [redacted], die auf dem See nach Schwiegerenten-Kandidaten Ausschau hält:

VON HANNES WALLNER

„Ein paar Fesche sind da schon dabei. Aber leider will Didi nicht. Dafür hat sie sich in einen Haubentaucher verguckt, doch der will von ihr nichts wissen.“

„Didi“ ist eben eigenwillig! Alle Auswilderungsversuche sind bisher gescheitert. Denn die Entendame fühlt sich in ihrer neuen Menschenfamilie sichtlich wohl. Sogar einen eigenen Job hat sie im 17. Wiener Gemeindebezirk. „Wir sind das Schneckenräumkommando“, so die Ziehmutter: „Als Einsatzduo rücken wir gemeinsam in die Gärten unserer Nachbarn aus, wo Didi schon längst der erklärte Liebling ist.“

Erfahrungen und Erlebnisse, wie etwa als „Didi“ mit einem Marder um Futter stritt oder eine Bruchlandung auf dem vereisten Swimmigpool machte, fasst die Entenmama gerade in einem Buch zusammen. Ein Verleger wird noch gesucht.

Wieder auf Heimaturlaub: die fesche Entendame „Didi“ mit Ziehmutter René [redacted] am Wörthersee

Was für ein tolles Entenleben! „Didi“ hat sogar ein eigenes Stofftier zum Spielen.

Heiße Flirts am Wörthersee: Die hübsche Entendame wird am Ufer eifrig umworben

Fotos: Evelyn Hronek

Surfausflug mit Sohn Timi macht Spaß

Im Jahr darauf erschien diese nette Story in der „Krone“.

Zum Schluss noch einige Gedanken meiner adoptierten, mir anvertrauten Ersatzmami.

Hast du dich auch schon gefragt, warum dir manchmal Dinge passieren, die unvorhersehbar sind? Man kann sie weder planen noch verhindern – sie kommen einfach auf dich zu. Alles hat seine Ursache, seinen Grund, seinen Sinn. Es kommt, wie es irgendeine höhere Instanz für dich vorherbestimmt hat – manche nennen es Schicksal, Kismet. Es liegt nun an dir, das Beste daraus zu machen.

Übrigens, glaubst du an Reinkarnation? Es kann überaus tröstlich und hoffnungsvoll sein, an ein Leben, an ein Weiterleben nach dem Tod, in welcher Form auch immer (ob nur in spiritueller Form – in den Köpfen, den Gedanken derjenigen, die dich gekannt haben – oder im Körper eines anderen Wesens), zu glauben – denn dann ist man nicht gestorben und tot, sondern hat nur in eine andere Dimension, in eine andere Welt gewechselt.

Die Spuren, die du auf dieser Welt hinterlässt – ob deine guten Gedanken, Worte oder Werke –, mögen immer dazu beitragen, unseren einzigen wunderbaren Planeten, Mutter Erde, für alle Wesen, die darauf leben, schöner zu machen.
Suche Frieden und Schönheit – mögen Liebe und Freude sich in dir entfalten, dich durchströmen, und bringe diese Spiritualität, auf deinem täglichen Weg, allen Lebewesen dieser Erde, sodass jedes Geschöpf glücklich ist, dir begegnet zu sein. Dies sei der Sinn unseres Daseins.

Es ist nicht so wichtig, viel zu haben – es ist immer wichtiger, viel zu tun.

Übrigens, falls sich bei dir einmal das Gefühl breitmachen sollte, nicht (mehr) gebraucht zu werden, für oder zu nichts nütze zu sein, dann lass dich einfach adoptieren. Gelegenheiten gibt es genug dazu, du musst nur die Augen, Ohren und vor allem dein Herz offen halten. Übernimm einfach Verantwortung für ein Wesen, das dich braucht – es muss ja nicht unbedingt eine Wildente sein. Apropos –

„*Quä-quä-quä-qua-qua-qua-qua-qua!*",

sorry, ich glaube, ich muss Schluss machen – ich werde gebraucht ...!

„Vergangenheit ist Geschichte, Zukunft ist Geheimnis, aber jeder Augenblick ist ein Geschenk." (Tibetisches Sprichwort)

Danksagung

Nun möchte ich mich mit einem fröhlich-herzlichen „Quakquak“ ganz lieb bedanken …

… bei dem großen, nun nicht mehr ganz so schlanken Weißschopf, der meine Haferflocken, Körnderlfutter, Nudeln und Salat finanziert, mich in seinem Haus wohnen lässt und in seiner Blechkiste chauffiert.

… bei meinem großen Bruder, der mich liebevoll umsorgt und immer gern als Spiel- und Sparringpartner zur Verfügung steht.

… bei dem noch größeren Bruder meines großen Bruders, der sich sehr um meine Gunst bemüht und unglaublich viel zur Fertigstellung meines Buches beitrug, indem er immer rechtzeitig zur Stelle war, um zu verhindern, dass Mami den Computer zum Fenster hinauswirft. Ein Extradankeschön auch für die tatkräftige Unterstützung, mein Buch in die richtige Form zu bringen.

... bei „Sir“ Niki, dem „Aristocat“, der mir gentlemanlike, immer den Vortritt in der Küche lässt.

… bei meinem lieben Anti-Tanti – für die vielen Liebkosungen in meiner Babyzeit und bei den anderen Familienmitgliedern meiner Großfamilie, die mir in den ersten Lebenstagen mit Rat und Tat zur Seite gestanden sind.

… bei all den lieben Nachbarn, die mir – nebst freundlichen Worten – so manchen Leckerbissen spendieren, großzügig ihre Gärten zur Verfügung stellen und mein oft zu lautes „Quäquäqua-qua-qua“ ohne Beschwerde tolerieren.

Einen ganz speziellen Dank an das hübsche Mädchen von vis-à-vis, das mich so gut betreut, wenn meine Familie, hin und wieder, ohne mich verreist.
Ein großes, fettes „Qua-qua-Merci“ an die kleinformatige Zeitung und die beiden freundlichen Journalisten, die meiner Story so nette Aufmerksamkeit geschenkt und mich fotografisch ins beste Licht gerückt haben.

Dank auch an die nette Dame mit den langen schwarzen Haaren und den phantastischen Fingernägeln, die an der Kassa des Supermarktes sitzt, woher ich mein vegetarisches Futter bekomme, für ihr stetiges Interesse an meinem Befinden und dem Fortschritt des Buches.

Herzlichen Dank dem nettesten Tierdoktor des 18. Wiener Bezirkes für seine fachmännische Verarztung meines lädierten Flügels. (Darüber reden wir vielleicht später einmal ausführlich.)

Danke an all die lieben Mitenten – äh – Mitmenschen, ob groß oder klein, Verwandte oder Fremde, die mir ihr Interesse zeigen und mir wohlgesonnen sind.

Und nun ist es an der Zeit, mich bei meiner Mami, meiner Partnerin, meiner mir Anvertrauten, meiner lieben Adoptierten zu bedanken. Und gerade jetzt fehlen mir – zum Hecht noch einmal – die passenden Worte. Ich glaube, ich werde ihr gleich bei nächster Gelegenheit ein schnäbelndes Küsschen auf die Wange drücken ...

Gabriele Schuster

Eine Dogge zum Verlieben

Heitere Kurzgeschichten von Hund, Katze und ihren Menschen

Die schreibende Tierärztin Gabriele Schuster erzählt hier frisch von der Leber weg und mit humorvollen Worten ihre manchmal unglaublich klingenden Erlebnisse unf Begebenheiten mit großen und kleinen Tieren und deren oftmals auch unverständigen Menschen.
Es ist ein überaus amüsantes Lesevergnügen, sich von den heiteren Geschichten und Episoden gefangen nehmen zu lassen, die die Autorin in ihrer fast 25-jährigen Tätigkeit als Tierärztin in Heide/Dithmarschen erlebt hat.
Es ist nun bereits ihr zweites Buch und man darf hoffen und gespannt sein auf weitere ungewöhnliche Erlebnisse aus der Kleintierpraxis Schuster, Gina & Co.

Preis: 14,80 Euro | 113 Seiten, 20,0 x 14,5 cm
ISBN 978-3-86634-494-5 | Hardcover